LE 15-2

PENDANT LA GRANDE GUERRE

—

DE L'ALSACE AUX FLANDRES

1914-1918

CHARLES-LAVAUZELLE & Cie
Éditeurs militaires
PARIS, Boulevard Saint-Germain, 124
LIMOGES, 61, Avenue Baudin | 53, Rue Stanislas, NANCY

—

1924

LE 15-2

PENDANT LA GRANDE GUERRE

DE L'ALSACE AUX FLANDRES

1914-1918

CHARLES-LAVAUZELLE & Cie

Éditeurs militaires

PARIS, Boulevard Saint-Germain, 124

LIMOGES, 82, Avenue Baudin | 53, Rue Stanislas, NANCY

—

1924

C'est le plus beau des régiments.
On l'envie, on l'admire, on l'aime.
Si son drapeau, fameux emblème,
A connu les plus durs moments,
Il n'a pas connu la défaite,
Et les jours où, bravant le fer,
Ses enfants ont le plus souffert,
Ont tous été des jours de fête.

Bravant, joyeux, le danger, la souffrance,
Du quinze-deux nous sommes les lurons.
C'est le premier des régiments de France.
Hardi! les gars, nous les aurons!
(Chant du régiment.)

Aux 5.000 morts du 15-2,
A tous ceux qui ont combattu
sous son drapeau,
Aux jeunes soldats de demain.

LE DRAPEAU ET LES FANIONS DU QUINZE-DEUX

PRÉFACE

—

« Soldats, en sept heures, vous pouvez être à Colmar! »
Qui donc, bien avant la guerre, sur une cime des Vosges,
devant l'horizon radieux des plaines d'Alsace, lançait cette
fière parole, défi à l'aigle germanique éployé au poteau
frontière, cri d'espérance pour les captifs, mot d'ordre à
tous ceux que la France appelle à son service, aux libérateurs, aux vainqueurs de demain? Le général Guigna-
baudet, alors colonel du 15-2, est tombé héroïquement en
chef et en soldat, sans voir la victoire couronner son rêve
et sacrer l'appel, désormais historique, qu'il adressait à
ses soldats. Et du beau régiment massé autour de lui, à la
fois rigide et frémissant sous l'éclair des baïonnettes, combien aujourd'hui sont vivants? Des sombres forêts d'Alsace
aux plaines de l'Yser, sur cette longue ligne tragique, où
a coulé pendant plus de quatre années le plus pur du sang
français, leurs tombes de martyrs et de héros ont marqué
les traces du fier régiment, vétéran de toutes les batailles.
C'est à Steinbach, à l'Hartmannswillerkopf, à Cléry, à
Sailly-Saillisel, au Chemin des Dames, en Belgique, autour des 5.000 croix qu'il a plantées au sol conquis par son
sacrifice, qu'il faut chercher aujourd'hui les noms les plus
beaux du 15-2. L'âme du régiment, sa tradition désormais
impérissable, c'est la grande âme héroïque de tous ses
morts, de ceux qui lui ont conquis cette fourragère, rouge
de leur sang.

Mais avant la guerre déjà, en garnison à Gérardmer, le
15-2 avait son esprit de corps, sa tradition. Ce n'était ni
le culte des morts ni les souvenirs des batailles, mais quel-

que chose de plus ardent et de plus impérieux encore. Du haut de ces cimes vosgiennes, où ses chefs, les colonels Didio et Kauffheisen, aimaient à l'entraîner et d'où ils cherchaient là-bas, au lointain, vers Munster ou Colmar, la chère fumée de leur maison natale, le régiment écoutait comme un appel de captifs monter des plaines d'Alsace, et c'est un vent venu du Rhin qui faisait battre les plis de son drapeau. A la Schlucht, au Hohneck, à quelques pas du poteau frontière, sous le regard hostile du douanier allemand, parfois même face à face avec le 171e de Colmar, le 15-2 prenait conscience de lui-même, et les grands mots de Devoir, Vaillance, Abnégation, revêtaient là-haut une beauté simple et poignante, qui faisait battre tous les cœurs. Avec quel enthousiasme, durant ces longues marches, les hommes entonnaient les fières strophes du chant du régiment :

> ... Si Dieu le veut, nous reviendrons,
> Pleins d'allégresse et d'espérance,
> Pour leur sonner la délivrance,
> Aux accents mâles des clairons.
> Scandons nos pas au choc des baïonnettes
> Vers les combats marchons allègrement,
> Et, si la mort vient menacer nos têtes,
> Vive toujours notre beau régiment!

Certes, une longue lignée de chefs admirables avait façonné le 15-2. L'âpre climat des montagnes qu'il parcourait sans répit, hiver comme été, et dont il connaissait les moindres sentiers, avait acquis sa légendaire réputation d'endurance au « Premier Grenadier des Vosges ». Mais la véritable inspiratrice, l'âme indomptable du régiment, c'était la frontière. Toujours présente devant lui, elle lui montrait sa tâche de demain et semblait l'appeler à la lutte sacrée. Et tout près de ses bornes, devant les arrogantes parades du régiment ennemi, sous les yeux mouillés de larmes des Alsaciens venus jusque-là pour contempler nos trois couleurs, ce que le 15-2 chantait dans les sonneries éclatantes de ses cuivres, ce que chaque soldat jurait en présentant les armes, c'était de délivrer l'Alsace, d'être le vengeur et le vainqueur que la Patrie appelait.

Ce serment, camarades du 15-2, vous l'avez tenu! Vous avez abattu ces poteaux frontières, auxquels s'étaient heurtées si souvent vos marches, et, après plus de quatre ans d'efforts sauvages, l'Allemand, vaincu, a dû rentrer dans sa tanière, repasser définitivement le Rhin. Et toujours à l'avant-garde, au péril comme à l'honneur, vous avez fait du « Premier Grenadier des Vosges » le premier régiment français, celui qui fut pour l'ennemi le « régiment du diable », le 15-2 enfin, dont le nom aujourd'hui évoque partout en France l'image des plus ardentes mêlées, des dévouements sublimes, des plus sanglants sacrifices.

Pour les milliers de braves qui se sont succédé dans ses rangs, pour les pères, les mères, les épouses, les frères, les sœurs, les enfants de ceux qui sont morts en combattant sous son drapeau, a été écrit ce récit sommaire de l'histoire du régiment. Les quelques noms de héros qui y figurent ne sont qu'une infime partie de tous ceux que nous avons connus. Mais la gloire du 15-2 a dépassé la mesure des héroïsmes individuels, comme la victoire française domine dans son ensemble les plus beaux succès qui l'ont arrachée. Elle est une pour tous, comme tous ont été un pour elle!

Souvenons-nous seulement que tant de belles pages nous ont rendus solidaires dans le culte d'impérissables souvenirs. Il faut les lire et les méditer en l'honneur des camarades morts pour la Patrie, en mémoire de la prodigieuse épopée, en leçons fécondes pour l'avenir.

L'ALSACE — LES PREMIERS COMBATS

Sultzeren, Grand Hohnack, Colmar

(Août 1914.)

Soldat, ne te souvient-il pas ?
Déjà sa gloire est ancienne.
La vieille terre alsacienne
A frémi sous ses premiers pas
Steinbach a vu sa noble rage,
Le Spitzenberg son dévouement,
Et les rochers du Viel Armand
Se souviendront de son courage.

(Chant du régiment).

Lorsque, le 29 juillet 1914, le régiment reçoit l'ordre de couverture, il semble que, à l'appel strident des clairons, l'angoisse des longues journées d'attente, des lendemains lourds de menace et d'inconnu se dissipe, qu'une allégresse guerrière, et comme un pressentiment de victoire, font battre tous les cœurs. Cependant, à la caserne, le soldat s'apprête avec une rapidité et un ordre impressionnants. On dirait que, c'est à la manœuvre, et non pas à la guerre, que le régiment va partir. Les chambrées retentissent de plaisanteries, et plus d'un, en bouclant son sac ou en rangeant ses cartouches, siffle gaiement les refrains familiers de l'*Alsace-Lorraine* et du *Rhin allemand*. Une gaieté, une ardeur magnifiques, débordent de tous les cœurs. Heure inoubliable de la veillée d'armes, pour tous ces vaillants, qui partent en chantant vers une destinée héroïque et brève, sans songer à la mort qui les guette presque tous.

En trois heures le régiment est prêt. Des hommes du service auxiliaire supplient leur capitaine de les emmener, et c'est à peine s'il reste à la caserne les quelques hommes qui doivent recevoir les réservistes, tant chacun brûle de prendre sa place au combat! A la nuit tombante, le régiment, couvert de fleurs, traverse les rues de Gérardmer, qui de longtemps n'entendront plus résonner sa clique fameuse, et par les chemins familiers

de la montagne il gagne en quelques heures ses emplacements
de couverture. Là-haut, sur ces crêtes des Vosges, d'où le regard plane vers l'Alsace, tout le long, de cette frontière vers laquelle tendaient toutes ses pensées, au Rheinkopf, au Hohneck,
à la Schlucht, au Tanet, et jusqu'au col de Louspach, sur près
de 20 kilomètres, le 15-2 vient se ranger l'arme au pied, en sentinelle de la France.

Stoïques, sous la pluie glacée et le vent de la montagne, nos
hommes attendent face aux Allemands, dont les patrouilles croi-
sent les nôtres. Séparés par la borne frontière, officiers français et allemands se rencontrent sans un mot; sans un geste.
Mais, le 1er août, un de nos hommes est assailli de coups de
fusil partant du territoire allemand. Toute la nuit, les balles sifflent sur la compagnie en position au Hohneck, les hommes reçoivent le baptême du feu avec calme, et ne répondent même
pas, et, le 2 août, obéissant à un ordre supérieur, le colonel
Thomas de Colligny reporte son régiment à 7 kilomètres en arrière. Mais c'est en serrant les poings et la rage au cœur que
nos hommes se replient ainsi sans répondre aux provocations
des Allemands, dont les patrouilles traversent déjà la frontière.

Aussi, avec quelle allégresse, le 4 août, à 13 h. 30, on apprend la déclaration de guerre! Cette fois, plus d'incertitude,
plus d'attente. Le sort en est jeté. Et nos clairons sonnent joyeusement : « En avant! ».

Le 1er bataillon enlève les maisons du col de la Schlucht, et
la 1re compagnie s'empare même du Grand Hôtel de l'Altenberg,
à 3 kilomètres sur la route de Munster. La position était à peine tenue par quelques Allemands, qui battent en retraite à travers les rochers du Kruppenfels vers Sultzeren.

Plus au nord, au Valtin, la 4e compagnie, qui marche vers le
col de Louspach, aperçoit une patrouille allemande; avec une
témérité magnifique, le caporal Bouvet et les soldats Terrien et
Millot s'élancent sur la patrouille ennemie, la rejoignent, lui
tuent deux hommes sur huit, en blessent un et font prisonniers
l'officier et son ordonnance. Ces premiers héros du 15-2, à qui
l'on confie l'escorte de leurs prisonniers, ont peine à se frayer
un passage dans les rues de Gérardmer. Après avoir attendu
dans l'angoisse les premières nouvelles de la guerre, la population voit dans ces deux premiers prisonniers « feldgrau », le
gage d'une victoire désormais assurée, et, plus fortes encore

que les cris de haine, les clameurs de la foule en délire montent pour célébrer nos soldats.

Quant à l'officier allemand, quelle n'est pas sa confusion, lorsque, dans l'interprète qui l'interroge, il reconnaît Hansi, en uniforme, le malin, l'indomptable Hansi, condamné quelques mois auparavant à Colmar, pour avoir gravement brûlé du sucre sur la chaise que, dans un café, venait de quitter un officier allemand! Car notre cher oncle Hansi, dès les premières heures de la guerre, est accouru rejoindre son vieux 15-2, et, patriote aussi vaillant qu'humoriste malicieux, s'y engager malgré ses quarante ans bien sonnés.

Telle fut cette solennelle journée du 4 août 1914. Comme un rideau qui se lève sur un décor lointain, elle a ouvert au régiment les merveilleux horizons de l'Alsace, que l'unique traité de Francfort prétendait nous voiler à jamais. Désormais la route est frayée vers la plaine, tous les espoirs sont permis, et nos soldats vont dévaler des montagnes en entonnant les immortelles paroles du *Chant du Départ* :

> La victoire, en chantant, nous ouvre la barrière,
>   La liberté guide nos pas...

Après avoir attendu quelques jours les renforts qui viennent des Alpes, le régiment voit enfin venir l'heure de la marche en avant. Le 15 août, il attaque le village de Sultzeren, puissamment défendu. Les 1er et 2e bataillons s'élancent à l'assaut avec une fougue magnifique et balaient toute résistance devant leurs baïonnettes. Malgré le feu précis et meurtrier de l'artillerie ennemie, malgré l'acharnement de l'Allemand, qui défend pied à pied chaque maison comme une forteresse, le village est enlevé vers 19 h. 30. Aussitôt, dans la vallée, sur les hauteurs qui la dominent, le régiment engage une poursuite ardente, pour venger ses premiers morts et faire payer cher à l'ennemi la perte du commandant Millischer, tombé à la tête de son bataillon qu'il entraînait à l'assaut.

Sous la violence de ce premier choc, l'Allemand se replie en hâte, talonné par le régiment. Nos soldats sont comme électrisés par leur succès, et, le soir du 17 août, après un bref combat, le drapeau du 15-2 flotte dans les rues de Munster. La vieille cité alsacienne fait à ses libérateurs un accueil frémissant. L'allégresse de la délivrance, la griserie de la victoire, énivrent tous les cœurs, et lorsque, le 18 août, les premières marmites tombent sur la place de la ville et que retentissent partout les sonneries d'alerte, le régiment repart à l'attaque avec une ardeur nouvelle, oublieux de ses fatigues.

La marche en avant est reprise par les crêtes qui dominent Munster au nord. Le 3ᵉ bataillon (commandant Contet) a pour objectif les Trois-Epis, site ravissant, d'où l'on découvre à ses pieds Colmar et toute la plaine d'Alsace. Tout à coup, sur une cime escarpée que dominent les ruines sauvages d'un vieux burg féodal, au Grand Hohnack, les Allemands surgissent en nombre à travers les sapins touffus. Aussitôt le combat se déchaîne avec une soudaineté farouche, et les Allemands plient sous le choc. C'est un bataillon de landwehr du 2ᵉ bavarois, qui a pris la place du 171ᵉ envoyé dans le Nord. Culbuté en un clin d'œil, il laisse le terrain couvert de morts et de blessés; quelques fuyards à peine parviennent à nous échapper par les Trois-Epis. Mais les deux autres bataillons surviennent à la rescousse, et la lutte reprend plus ardente et plus dure. Au bout de six heures de corps à corps et de fusillades à travers les sapins et les rochers, le 15-2 demeure maître du champ de bataille, où gisent 200 cadavres allemands. Un tireur merveilleux, l'adjudant Marcel, en a abattu 28 à lui seul.

Enthousiasmés par ce succès, qui ne nous coûte qu'une cinquantaine d'hommes hors de combat, nos soldats atteignent le lendemain tous leurs objectifs, les Trois-Epis, Turckheim, Wintzenheim, clef de Colmar. L'Allemand contre-attaque vainement pour nous écarter de la ville. Dans un de ces engagements tombe l'un des héros du régiment, le lieutenant Capelle, qui, mortellement blessé au cours d'une reconnaissance, a encore l'énergie d'appeler son sous-officier, lui donne des conseils sur la conduite à tenir jusqu'au dernier instant, et expire en disant à ses hommes : « Courage, mes enfants, c'est pour la France! »

A Wintzenheim, le 15-2, exalté par ses succès, ignorant l'avance foudroyante de l'ennemi, l'invasion de toute la Belgique et du Nord, attend avec une impatience fiévreuse l'ordre d'entrer à Colmar. A peine défendue encore par quelques patrouilles, la ville, à 2 kilomètres de nous, est comme entre nos mains. Il ne faut qu'un geste pour saisir ce joyau, qui va récompenser les fatigues et les sacrifices du régiment.

C'est alors qu'on reçoit l'ordre navrant, et qu'on ne s'explique pas sur le moment, d'abandonner Colmar, de retraiter dans la vallée de la Fecht, sur la ligne Griesbach - Wihr-au-Val, en avant de Munster. Arrêté en pleine victoire, le 15-2 abandonne, la mort dans l'âme, les faubourgs de Colmar, bien résolu pourtant à y revenir un jour, et trop confiant dans sa vaillance pour se résigner à cette injustice du sort.

Maintenant, de mauvaises nouvelles surviennent de tous côtés, comme pour endeuiller tant de joie et d'espoir : Mulhouse, deux fois prise et deux fois perdue, l'Alsace abandonnée par ses libérateurs d'un jour, Saint-Dié entre les mains des Allemands. D'âpres combats se livrent au col des Journaux; le col du Plafond et même celui de la Schlucht sont menacés. Chaque heure rend plus critique la situation du régiment, en pointe isolée dans la vallée de la Fecht. Il faut, la rage au cœur. abandonner Munster après Colmar.

Le 15-2 se replie en combattant, et fait tête chaque fois que l'ennemi veut le presser. Le 2 septembre, le 2º bataillon est attaqué violemment près de Wihr-au-Val, et menacé d'être tourné par sa gauche. Engagée pour couvrir son flanc, la 2e compagnie se heurte, à travers des bois très touffus, aux Allemands, qui la fusillent par surprise. A la première rafale, trois de ses chefs de section tombent. Toute la compagnie se jette avec fureur sur l'ennemi, aux cris de : « En avant, à la baïonnette! » Les Allemands plient sous le choc et se débandent à travers les sapins, abandonnant une tranchée à demi creusée, et jonchée de morts et de blessés. Pendant ce temps, les 6e, 7e et 8e compagnies repoussent de violents assauts. Attaques et contre-attaques à la baïonnette se succèdent sans répit, à travers les sapins, les escarpements, les rochers. qui répercutent le fracas de la fusillade. L'Allemand épuisé s'arrête. De son côté, le 3e bataillon, à Soultzbach, résiste à toutes les attaques. Ces durs engagements nous coûtent 2 officiers tués et 150 hommes hors de combat.

Ils permettent au régiment de s'établir solidement sur les croupes qui dominent la Fecht à hauteur de Stosswihr et de Sultzeren, sur la ligne bientôt fameuse du Reichackerkopf, du Sättel, de Sultzeren, du col de Wettstein, du Linge et du Schratzmännele.

Sur ce front, le 15-2 repousse de nouveaux assauts, en particulier le 4 septembre au Sattel, où le 3º bataillon inflige de lourdes pertes aux Allemands.

Le 31 août, le colonel Thomas de Coligny a été remplacé

par le lieutenant-colonel Goybet, un chef aimé et admiré, qui mènera le régiment à sa première victoire. Déjà l'ère des batailles de position s'ouvre. Le 15-2 ajoutera sa part à la longue liste des noms de collines, de montagnes et de plaines, longtemps inconnues, fameuses maintenant à l'égal des grands champs de bataille de l'Histoire. Mais au cours de cette âpre et monotone guerre de tranchées, que de fois les survivants, chaque jour moins nombreux, des combats du début se rappelleront avec regret cette campagne trop brève, où l'on se battait au grand jour, à travers les montagnes et les forêts d'Alsace, où, dans des engagements imprévus, et vite dénoués, la furie française triomphait, où, le soir, en talonnant l'ennemi, on traversait en chantant, au milieu des acclamations, des villages en fête, cette époque d'enthousiasmes infinis et d'espérances illimitées, où la victoire semblait toute proche!

LE SPITZENBERG

(Septembre-décembre 1914.)

Relevé le 12 septembre par une brigade de réserve, le régiment reçoit l'ordre de se porter à Saint-Dié, que la victoire de la Marne vient à peine de dégager. Cette fois, le 15-2 n'avance pas au milieu de l'allégresse d'un pays acclamant ses libérateurs. Partout sur son passage, à Fraize, Anould, Saint-Léonard, Saulcy, ce sont plutôt des vengeurs qu'appellent ces villages, ravagés par les bombardements et l'incendie, et toutes ces croix surmontées de képis rouges et bleus, qui se dressent sur la terre fraîchement remuée. Partout sur ce champ de bataille que l'ennemi vient à peine de quitter, l'image de la France meurtrie surgit devant ses défenseurs. A son appel, à l'appel des femmes et des jeunes filles, debout au seuil de leurs maisons ruinées, la réponse des braves Vosgiens du 15-2 ne tarde guère : « On y va... On y va... »

Ils ne devaient pas attendre l'occasion de prouver à la Patrie leur abnégation et leur fidélité jusqu'à la mort. L'ennemi, après avoir évacué Saint-Dié, se cramponne à ses portes, au massif de l'Ormont. Le 17 septembre, le régiment reçoit l'ordre de s'emparer du Spitzenberg. Cône boisé, adossé à ce massif, et que couronnent les ruines du vieux château, rempart de l'ancienne Lorraine, sentinelle avancée sur la route de Saales, il domine toute la vallée de la Fave jusqu'aux abords de Saint-Dié, et constitue pour l'ennemi une position très forte, en même temps qu'un observatoire menaçant.

Le 2ᵉ bataillon (commandant d'Auzers) part à l'assaut de cette formidable position, et attaque vers Beulay avec sa vaillance coutumière. Déjà, la 7ᵉ compagnie gravit les pentes du Spitzenberg et parvient à la lisière nord du bois, mais, prise tout à coup sous un feu terrible de mitrailleuses, elle est décimée et rejetée. Malgré tous les efforts, notre attaque est brisée. Sous la pluie qui tombe en trombe, sous le bombardement meurtrier, nos hommes se cramponnent au terrain conquis.

Dès le lendemain, l'attaque reprend, par Charemont, directement du sud au nord, menée cette fois par le 1er bataillon (commandant Rousseau). Elle est vite arrêtée. Cachées dans les bois, les mitrailleuses allemandes balaient le terrain. Nos hommes, cloués au sol, ne peuvent lever la tête. Les blessés, abandonnés, agonisent sur le champ de bataille. Un héros, l'infirmier Brun, de la 8e compagnie, ose en rampant aller de l'un à l'autre et panser leurs blessures, malgré l'inutile cruauté des mitrailleurs allemands, qui s'acharnent sur lui.

Ces échecs ont pu décimer le vaillant régiment : ils n'ont pas amoindri sa volonté de vaincre, et le 19 septembre, les 1er et 2e bataillons repartent à l'assaut de ces pentes sanglantes, qu'ils abordent à l'ouest par le col, entre la montagne d'Ormont et le Spitzenberg. Cette nouvelle tentative échoue encore.

Après les vaines attaques des 17, 18 et 19 septembre, l'ennemi peut nous croire à bout de forces. Il n'en est rien. Ni les échecs, ni les pertes, ni le bombardement, ni la pluie ne peuvent lasser l'indomptable ténacité du régiment. Le 15-2 veut le Spitzenberg, il saura le conquérir. Le 20 septembre, le 1er bataillon et le 3e bataillon (commandant Contet) donnent l'assaut à 15 heures, par surprise, sans préparation d'artillerie, le 1er bataillon par Charemont, le 3e par le col. L'ennemi résiste avec sa fermeté coutumière. les flancs du Spitzenberg crachent la mitraille, mais en vain. Le commandant Rousseau arrive le premier à la clairière qui court sur le flanc sud, à quelques dizaines de mètres du sommet, et tombe, la tête fracassée. Derrière lui, les 3e et 4e compagnies, d'un dernier élan, enlèvent la clairière à la baïonnette.

Le 3e bataillon rencontre la même résistance acharnée. Malgré tout, ses vagues montent sur les glacis balayés par la mitraille. Le soldat Didier rallie une poignée d'hommes et, à leur tête, saute dans la tranchée boche à mi-pente. Enfin, dans un effort surhumain, les 9e et 10e compagnies prennent pied sur le sommet et rejettent définitivement l'ennemi après des corps à corps farouches. Le Spitzenberg est à nous. Nous avons fait prisonniers 80 hommes, 1 officier, et pris 2 mitrailleuses.

Rendu furieux par la perte d'une position aussi âprement défendue, l'ennemi concentre sur ce piton le tir de toutes ses batteries. Une tempête de fer et de flamme s'abat sur le Spitzenberg, qui disparaît dans la fumée. Ses défenseurs, décimés, repoussent toutes les contre-attaques, mais le Boche s'acharne, et, vers 17 heures, le bombardement devient effroyable. Les sapins et les rochers du Spitzenberg volent en éclats et couvrent ses défenseurs de leurs débris. Des grappes humaines gisent écrasées. Les survivants essaient en vain de s'abriter, en creusant ce sol rocailleux. Les pertes deviennent telles que le capitaine Sabate demande au colonel de retirer de cet enfer les débris de son bataillon. Mais l'ordre est donné de tenir coûte que coûte. Les braves du 4° bataillon l'exécutent stoïquement. L'héroïque capitaine Jamelin, rare figure d'apôtre et de soldat, la jambe traversée pendant l'attaque, s'est fait coucher au milieu de ses hommes, qu'il refuse d'abandonner. Son exemple décuple les courages, et, quand les Allemands gravissent les pentes du Spitzenberg, assurés d'en avoir anéanti tous les défenseurs, ils sont rejetés une fois de plus. La colline sanglante, où 8 de ses officiers et 600 hommes sont tombés, reste au 15-2, et dans ce nom de Spitzenberg, éclatant comme un cliquetis de baïonnettes, revivent à jamais l'abnégation, l'obstination farouche et l'indomptable volonté de vaincre du 15-2. Le régiment a bien gagné l'étoile d'or, que l'ordre général de l'armée des Vosges lui confère.

STEINBACH

(Décembre 1914 — janvier-février 1915.)

Après ces combats meurtriers, le régiment commence l'apprentissage de la guerre de tranchées, qu'il mènera, comme tous, si longtemps encore. Puis, le 18 décembre, au lieu du repos promis et espéré depuis longtemps, le 15-2 reçoit brusquement l'ordre de départ. Il traverse Gérardmer au milieu d'une émotion poignante. Combien de mères en deuil pleurent déjà, en voyant défiler ses rangs éclaircis par la mitraille, en songeant à tant de beaux soldats partis joyeux vers la frontière, et qui reposent maintenant en terre d'Alsace ou sous les sapins meurtris du Spitzenberg!

Le régiment poursuit sa marche vers le sud, franchit le 23 décembre le col d'Oderen. A peine arrivé à Felleringen, il repart le 25 vers Bischwiller. Alors seulement, il apprend la tâche qui lui est réservée : il faut prendre Steinbach!

Steinbach est un charmant village alsacien, sur les dernières pentes des Vosges, dans la riante vallée du Silberthal. Il est dominé de deux côtés par des hauteurs importantes, la cote 425 qui le sépare de Vieux-Thann, et le plateau d'Uffholtz, tous deux fortement tenus par l'ennemi.

L'attaque prévue ne devait durer que quelques heures. Au lieu de cela, ce fut quinze terribles journées de combats sans répit, en plein hiver, sous la neige et dans des tranchées envahies par l'eau glacée, quinze journées et quinze nuits de corps à corps.

Dès le début de l'attaque, l'arrêt des troupes voisines, qui doivent enlever la cote 425 et la chapelle Saint-Antoine, gêne la progression du régiment. Il faut toute l'obstination des braves du Spitzenberg pour avancer pas à pas dans cette vallée encaissée, hérissée d'obstacles : barricades, abatis, ronces d'acier que les cisailles ont peine à entamer, tranchées dissimulées à ras de terre. mitrailleuses invisibles qui fauchent les assaillants. L'artillerie qui appuie le régiment est composée presque uniquement de 65 de montagne. Le dévouement des artilleurs, la merveilleuse justesse de leur tir, ne parviennent pas à compen-

:ser le calibre trop faible de leurs pièces. Peu soutenu à droite
et à gauche, insuffisamment appuyé par l'artillerie, le 15-2 n'a
plus à compter que sur lui-même, sur sa vaillance et son énergie coutumières. Cela lui suffit pour ne pas désespérer. D'ailleurs, il a à sa tête un homme de fer, le commandant Jacquemot, dont l'implacable volonté égale la froide bravoure.

Enfin, au prix de sacrifices et d'efforts inouïs, nos tranchées
se rapprochent des lisières du village, et le 15-2 prend pied dans
Steinbach. Alors la lutte devient d'une sauvagerie atroce : au
milieu des incendies et des bombardements ininterrompus, sous
la fusillade qui part des soupiraux de caves, des toits, des murs
crénelés, il faut faire le siège de chaque maison.

Le 27 décembre, la 4ᵉ compagnie, sous les ordres du capitaine Laroche, s'empare des décombres du Château Brûlé, et
tente de forcer l'entrée du village dans une charge à la baïonnette. Le lieutenant David, blessé, se relève pour entraîner sa
section et tombe criblé de balles. Arrêtés net par un grillage
vertical en fil d'acier que les cisailles ne peuvent entamer, l'adjudant Jacques et ses hommes essaient de l'escalader et tombent
frappés à mort les uns après les autres. Pourtant, emportés par
leur élan, quelques braves ont pénétré dans le village. Ils y
sont cernés et succombent sous le nombre. L'un d'eux, le soldat
Bourgeois, se défend seul plus d'une heure dans une rue, et
tient tête aux Allemands qui essaient de l'atteindre par les soupiraux et les fenêtres. Après avoir terrassé plusieurs assaillants
à coups de crosse, il parvient à se dégager et à rejoindre sa
compagnie. Cet exploit de paladin paraîtrait incroyable, s'il
n'était attesté par une citation.

Le 28, l'attaque reprend. Le 30, la 7ᵉ compagnie, entraînée
par le capitaine Marchand, force enfin l'entrée du village, lutte
corps à corps à travers les barbelés et les barricades qui héris-
sent la grande rue, et se retranche sur place au cours de la nuit.
Deux héros sont tombés là, en qui la France espérait, pour devenir plus grande et plus belle : le sergent Boutroux, neveu du
philosophe, et le caporal Baudry, de l'Ecole des Chartes, tous
deux jeunes, tous deux aimés de leurs camarades, qui vénéraient
en eux la même beauté d'âme.

Le 31 décembre, le tiers du village est entre nos mains. L'attaque se poursuit malgré la mitraille qui décime les assaillants.
Le 3 janvier, de nouveaux corps à corps nous livrent presque
tout le village. A minuit, Steinbach était à nous, grâce à un
mouvement hardi de la 12ᵉ compagnie, menée avec une merveil-

leusé habileté par le capitaine Toussaint, officier dont la bravoure et l'expérience étaient réputées au régiment.

Mais presque aussitôt une violente contre-attaque permet aux Allemands d'y reprendre pied. Ils parviennent jusqu'à la 8ᵉ compagnie, en réserve sur la place. Surprise d'abord, elle se ressaisit et se jette sur l'ennemi à la baïonnette. Un simple soldat, Raclot, entraîne par son ascendant une vingtaine de ses camarades et, dans la mêlée, se lance à leur tête sur l'église et le cimetière. L'ennemi chancelle sous le choc et abandonne précipitamment le village, laissant entre nos mains une quarantaine de prisonniers dont 2 officiers.

Après quinze jours et quinze nuits de combats, où nous avons perdu 12 officiers et 700 hommes, Steinbach est enfin à nous. Le 15-2 le garde avec l'énergie qu'il a mise à le conquérir. La fureur vaine des bombardements et des contre-attaques ennemies ne fait qu'achever la ruine du pauvre village et accroître le nombre des cadavres allemands qui gisent devant ces décombres. Steinbach, à l'égal du Spitzenberg, devient pour le 15-2 un nom de victoire, comme l'atteste la citation à l'ordre de l'armée, qui vient couronner son drapeau d'une première palme.

Mais ce n'est pas surtout contre l'Allemand que le régiment doit lutter. Pour lui, l'ennemi le plus dur, c'est l'hiver. Et lorsque les survivants de cette époque parlent de l' « Enfer de Steinbach », ce n'est pas seulement aux bombardements, aux fusillades, aux corps à corps à travers les incendies qu'ils songent. Ils revoient les tranchées à demi effondrées, où ils restèrent stoïques, dans l'eau jusqu'aux genoux, au milieu des glaçons; ils revoient les longues nuits d'hiver, où la neige ensevelissait les guetteurs aux créneaux; les corvées et les relèves à travers les fondrières des boyaux; la lutte contre le froid qui les terrassait lentement; le calvaire de leurs camarades, qui, les pieds gelés, se traînaient encore, jusqu'au jour où il fallait les emporter de la tranchée.

Tant de souffrances et de misères, telle était la guerre pour ces humbles héros de la tranchée, dont on ne connaissait pas alors le martyre. Et plus que des ordres d'attaque, plus que des récits d'assaut ou de combat, ces simples lignes, tracées en marge du journal de marche du 15-2, ont quelque chose de grand et de poignant :

« Par suite de la fatigue extrême et de l'état des tranchées où les hommes sont dans l'eau et dans la boue jusqu'aux genoux, les évacuations pour pieds gelés sont très nombreuses. L'effectif tombe à 1.800 hommes, sur 3.200. »

L'HARTMANNSWILLERKOPF

(22-26 mars — 25-26 avril — 21-22 décembre 1915.)

Après les dures journées de décembre, janvier et février s'écoulent sans incidents. Le secteur est calme, et les bataillons du 15-2 se succèdent au repos à Bischwiller, dans la vallée de la Thur. Alors naît entre le régiment et cette aimable population alsacienne une affection que les épreuves et l'absence ne firent que resserrer, et les plus heureux souvenirs du 15-2 restent, pour les combattants d'alors, ceux de l'hospitalière vallée, ceux des foyers souriants qui s'ouvrirent pour les recevoir.

Mais là-bas, vers le sud, l'artillerie allemande tonne avec un acharnement croissant. Et assis sous le manteau des hautes cheminées alsaciennes, au coin du feu, nos soldats entendent prononcer pour la première fois un nom bientôt glorieux et tragique, un nom qu'ils inscriront en lettres d'or sur la soie de leur drapeau : l' « Hartmannswillerkopf »!

L'Hartmannswillerkopf, le « Viel Armand », l' « H. W. K. », comme on l'a appelé au cours de la guerre, est un contre-fort des Vosges, qui tombe à pentes escarpées sur la plaine d'Alsace, presque en face de Mulhouse. Sorte de presqu'île terminale, détachée de la chaîne à l'est de la vallée de la Thur, il n'est relié au ballon de Guebwiller que par le Molkenrain (1.125 mètres). A ses pieds, l'Alsace étale à perte de vue le riche tapis de ses champs et de ses vignobles. Au premier plan, Wuenheim, Hartmannswiller, Obwiller, Soultz, Guebwiller, Bollwiller, puis la forêt de Nonnenbruch, fameuse par la richesse de ses mines de potasse. Plus loin, Mulhouse, qui semble si proche qu'on peut à la jumelle en distinguer nettement les rues. Plus loin encore, par delà la forêt de la Hart, le Rhin, le fleuve sacré, dont le mince filet d'argent fascine les regards. Dans le lointain enfin, la Forêt-Noire, toute semblable aux Vosges, dont le sombre profil s'illumine le soir au soleil couchant, et s'évanouit ensuite dans une brume violette. Et plus au sud, vers la Suisse, les Alpes, leur sommet scintillant au soleil, les blanches aiguilles de Finsterarhorn et de la Jungfrau. Spectacle grandiose, où toute l'Alsace, paraît s'offrir par avance aux libérateurs qu'elle appelle depuis quarante ans.

L'Hartmannswillerkopf n'était hier qu'un belvédère pittoresque. Quand, plus tard, du Molkenrain, le voyageur jettera sa vue sur ce modeste promontoire des Vosges, il se demandera pourquoi tant de milliers d'hommes se sont pendant la guerre disputé ces pentes.

Sans doute le Français, en l'occupant, tient sous son canon la plaine d'Alsace jusqu'à Mulhouse. L'Allemand, en le défendant, conserve un notable morceau de cette terre d'Empire à laquelle il tient tant; il menace en même temps cette vallée de la Thur qu'il ne se console pas d'avoir perdue. Mais il y a autre chose... Ce que tant de régiments, et plus que les autres le 15-2, ont écrit sur le rocher fameux où ils se sont sacrifiés, c'est le même serment que l'armée française a répété à Vauquois, aux Éparges, à Tahure, sur l'Yser... C'est, dans un temps où l'issue de la guerre était lointaine et douteuse encore, où les armées de France et d'Allemagne s'étreignaient sans pouvoir s'ébranler, l'indéfectible espérance, l'indomptable volonté de vaincre, qui tendaient toutes les énergies françaises. La même volonté animait l'ennemi, et, peu à peu, l'Hartmannswillerkopf a pris sur nos fronts de l'Est la valeur d'un symbole qui dépassait de beaucoup la valeur même de la position. L'abandonner, c'était avouer son impuissance; et jamais la France, aux heures les plus tragiques, n'a voulu laisser croire à l'Alsace qu'elle renonçait à la libérer.

Voilà pourquoi l'année 1915 verra tant de combats et tant d'hécatombes sur cette cime, hier presque sans nom. Lorsque, après de longs mois, dans une autre phase de la guerre, la bataille s'apaisera dans les Vosges, lorsque les efforts surhumains déployés de part et d'autre se seront annihilés en s'égalant, l'Hartmannswillerkopf, tant de fois pris et repris, restera entre les deux lignes, pelé, bouleversé, domaine sinistre des morts, où les tombes mêmes sont destinées à mourir. Voilà pourquoi aussi, aujourd'hui, à l'égal des plus beaux noms de victoires, l'Hartmannswillerkopf résonne comme un écho de tous les héroïsmes français. Voilà pourquoi, plus que tout autre, le 15-2 a le droit de l'entendre et de le redire avec fierté, car nul corps n'y a versé autant de sang ni déployé plus de bravoure.

En janvier 1915, ce sommet n'était tenu que par un peloton de chasseurs. Les Allemands, par surprise, cernent et réduisent cette grand'garde isolée. Maîtres de l'Hartmannswillerkopf, leur génie d'organisation en fait bientôt une forteresse qui brise tous les assauts de la 1ʳᵉ brigade de chasseurs, appelée en hâte pour reprendre le sommet. Épuisées, décimées, ces troupes d'élite, malgré leur héroïsme, s'arrêtent impuissantes. L'Hartmannswillerkopf restera-t-il donc aux mains des Allemands? Ce n'est pas possible! 15-2 est là, derrière, se reposant de ses victoires du Spitzenberg et de Steinbach. A lui revient l'honneur d'en finir.

C'est le 22 mars 1915, à l'aube d'une belle journée glaciale, que le 15-2 reçoit l'ordre d'attaquer. Le 1ᵉʳ bataillon (commandant Sermet) a pour objectif la crête de l'Hartmannswillerkopf; le 2ᵉ (commandant d'Auzers), les pentes nord; le 7ᵉ B. C. A., les pentes sud; le 3ᵉ bataillon est en réserve.

L'attaque est précédée d'un bombardement précis et formidable. Au-dessus de nos lignes, les obus de 200 passent avec un long bourdonnement et s'abattent sur les tranchées boches, où ils éclatent en volcans. Le sommet de l'Hartmannswillerkopf est comme en proie à une éruption. L'artillerie allemande répond sur nos tranchées. A travers la fumée et les flammes, des sapins entiers, des blocs de granit sont projetés pêle-mêle avec des corps humains et retombent lourdement. La montagne tremble.. Enfin, quinze minutes avant l'attaque, des rafales de 75 sifflent et crépitent sur toute la crête. L'ouragan d'artillerie est à son paroxysme.

C'est alors, aux sonneries ardentes des clairons, que le vent emporte vers l'Alsace comme pour crier : « Nous sommes-là! », c'est alors que nos fantassins bondissent, la baïonnette haute, à l'assaut de la forteresse. A travers le fouillis de réseaux barbelés à demi détruits, des tranchées effondrées, l'enchevêtrement des sapins abattus, ils pénètrent de tous côtés, comme un flot, dans la position ennemie, dépassent la première et la deuxième tranchée. Mais il faut s'arrêter-là : à droite et à gauche, sur les pentes, les bataillons d'assaut sont arrêtés par des tranchées invisibles, où l'artillerie n'a pu leur frayer un passage.

Au nord, la 6ᵉ compagnie, en débouchant d'une clairière, se heurte à des réseaux profonds et intacts. Elle essaie d'avancer quand même et cherche à se frayer des passages dans la broussaille de fer où la mitraille couche un à un tous ces héros. Le capitaine Rochette tombe le sabre à la main, à la tête d'une poignée d'hommes. On cherche le lieutenant Routhier pour lui passer le commandement; il vient d'être tué. Le lieutenant Pitolbelin est désigné : mais déjà une balle l'a abattu, presque à bout portant, sur le parapet de la tranchée allemande. L'adjudant Didierjean est frappé à son tour. De l'héroïque compagnie, il ne reste plus qu'une poignée d'hommes, qui s'accrochent farouchement au terrain conquis, sous le commandement du sergent Chenevard. Une magnifique citation à l'ordre de l'armée glorifie à jamais l'héroïsme et le sacrifice de la 6ᵉ compagnie.

Plus au nord, la 5ᵉ compagnie est arrêtée elle aussi devant les réseaux intacts. Déjà blessé pendant l'attaque, le sous-lieutenant Pasquier s'élance le premier pour entraîner de nouveau ses hommes sur les barbelés allemands. Cette sublime folie échoue sous la mitraille, et les corps de ces héros restent trois jours accrochés devant la tranchée ennemie.

Sur les pentes sud de l'Hartmannswillerkopf, le 7ᵉ alpins, fauché par une fusillade meurtrière, ne parvient pas à déboucher de ses tranchées. Le commandant Brun, de l'état-major de la 1ʳᵉ brigade de chasseurs, est tué en essayant d'entraîner le bataillon dans un dernier assaut.

Nous n'avons pu atteindre le sommet. Pourtant nous y touchons et la position ennemie est disloquée. Quatre contre-attaques essaient en vain de nous reprendre les tranchées conquises. Plus de 400 cadavres allemands gisent devant nos lignes. Nous avons pris 200 hommes, 3 officiers, deux lance-bombes et une mitrailleuse. Nos pertes sont de 260 hommes et 9 officiers hors de combat.

Rien n'est fait tant qu'il reste à faire. Le 15-2 a pris l'engagement d'arracher aux Boches tout le massif, et le 26 mars, sous la neige, le régiment, infatigable, reprend l'attaque, les 1ᵉʳ et 3ᵉ bataillons (commandant Bron) en première ligne, appuyés au sud par le 7ᵉ alpins.

La préparation d'artillerie a été puissante. Au moment où le sommet de l'Hartmannswillerkopf disparaît dans la fumée et la flamme des éclatements, nos vagues d'assaut, accompagnant les dernières rafales de 75, bondissent de leurs tranchées, déferlent jusqu'au sommet, qu'elles submergent comme une écume bleue. Leur élan est si impétueux qu'elles dévalent encore les pentes vers l'Alsace. C'est là que tombe héroïquement le clairon Poissenot, frappé à mort en sonnant une charge éperdue à la tête de ses camarades. C'est là que le lieutenant Priquet, qui s'est déjà distingué au Spitzenberg et à Steinbach, prend dans la mêlée le commandement de sa compagnie et l'entraîne dans un nouvel assaut.

Du haut des rochers, nos mitrailleurs, ardents à suivre la première vague, enthousiasmés par l'exemple de leur chef, le lieutenant Jenoudet, qui, blessé, veut faire l'attaque jusqu'au bout, traquent par leurs rafales les Allemands en fuite. Et cette fois, l'ennemi est culbuté par la violence de notre assaut. Il nous abandonne toute la position, sol sacré où les morts de la dernière attaque reposent dans leur linceul de neige sanglante. Il laisse entre nos mains 140 prisonniers dont 3 officiers, un champ de bataille jonché de cadavres, de gros dépôts d'armes et de munitions. Nous avons perdu en tués ou blessés 240 hommes, dont 3 officiers. Le 27 mars, dans une émouvante et simple cérémonie, le général Serret décore de la médaille militaire le soldat Auberger, qui a pris pied le premier au sommet de l'Hartmannswillerkopf. C'est dans les tranchées de première ligne encore toutes bouleversées, sous le sifflement des balles, devant quelques soldats hâves et boueux, que le général accroche le beau ruban à la poitrine de ce brave. Un feu de salve sur les Allemands remplace la sonnerie d' « Ouvrez le ban »; un second, celle de « Fermez le ban ».

Et sur son drapeau, à côté de l'étoile d'or de Spitzenberg et de la palme de Steinbact, le 15-2 peut fixer une nouvelle palme, juste récompense de ses exploits à l'Hartmannswillerkopf.

Le massif tout entier avec contreforts est maintenant à nous, et les vainqueurs ont à leurs pieds la terre promise. Par delà les broussailles de fer, par delà l'horreur des espaces ravagés, nos guetteurs ne voient plus que la belle et riche plaine, cette Alsace qui est nôtre et dont on leur a tant parlé. Même lorsque la nuit, des Vosges à la Forêt-Noire, tombe sur l'immense horizon, le spectacle reste magique. De toute part, dans la plaine obscure, des feux s'allument comme des reflets d'étoiles. Du haut de son rocher, le soldat rêve, en voyant scintiller les lumières de Mulhouse et de Bâle. Sur cette terre de solitude et de mort, où tant de ses camarades sont tombés, il songe à ces foyers qui brillent anxieux dans la nuit, et qui semblent lui faire signe. Quand sonnera-t-elle, l'heure de répondre à cet appel et de descendre dans la plaine en libérateurs?

Mais l'Allemand ne veut pas s'avouer vaincu. Rejeté des pentes de l'Harmannswillerkopf, il surveille âprement cette proie qu'on vient de lui arracher et, le 25 avril, lorsque les derniers échos de la bataille se sont tus et que le calme est revenu sur la montagne sanglante, il tente un grand coup pour la ressaisir.

Un bombardement foudroyant éclate à midi comme un orage. Jamais, pas même au Spitzenberg, nos soldats n'en avaient subi de pareil. Les plus gros calibres des artilleries allemande et autrichienne : 210, 250 et jusqu'aux 305, concentrent leur tir sur l'Hartmannswillerkopf. Sous cette tempête d'explosifs, la vieille montagne, comme en proie à quelque cataclysme souterrain, s'enveloppe de nouveau de flammes et de fumée. Couchés sur le sol qui tremble, nos hommes attendent stoïquement la fin de la tempête; mais le bombardement s'acharne toujours. Détachés du sommet de la montagne, des blocs de granit roulent en avalanche et broient tout sur leur passage. Nos tranchées en pierres sèches, accrochées au flanc de l'Hartmannswillerkopf comme des balcons, volent en éclats. Pourtant, les poilus du 15-2 tiennent toujours. Entourés de morts et de blessés, épuisés, haletants, couverts de terre et de sang, les mains crispées sur leurs fusils brûlants, quatre fois ils repoussent les assauts de l'ennemi. Six bataillons d'élite de l'armée allemande essaient vainement jusqu'à la fin de l'après-midi de prendre pied sur l'Hartmannswillerkopf.

Les pentes de l'Harmannswillerkopf vers l'Alsace se divisent en deux contreforts, que le troupier appelle les deux cuisses. Chacune était défendue par un bataillon, le 3ᵉ bataillon au milieu, tenait le Ravin. Vers 18 heures, après six heures de bombardement et cinq tentatives d'assaut, les Allemands prennent pied sur les deux contreforts. A l'abri de l'arête qui les cache aux défenseurs du Ravin, ils s'avancent vers le sommet. Bientôt, leurs deux colonnes, comme une marée montante, atteignent les crêtes et se réunissent près de la cote 956, cernant ainsi les défenseurs du Ravin, qui tiennent toujours. Attaquée de tous côtés par l'ennemi qui la domine, sans cartouches et sans vivres, n'ayant plus que ses baïonnettes pour se défendre, cette poignée d'hommes tombe aux mains des Allemands.

Quelques-uns seulement parviennent à s'échapper; tel le soldat Chassard, qui, venu jusqu'en première ligne à travers les bombardements, pour porter à manger à ses camarades et tombé au milieu des Allemands, saisit un fusil, abat ceux qui l'approchent et se fraie un passage à travers les assaillants décontenancés. Tel encore le caporal Coulon, qui rallie quelques hommes et fonce sur les Allemands qui lui crient de se rendre. Ces braves s'échappent en sautant de rocher en rocher, au milieu des balles qui ricochent, font les morts jusqu'à la nuit et regagnent nos lignes en rampant, à la lueur des fusées rouges que l'ennemi lance du haut de l'Hartmannswillerkopf pour faire allonger le tir de son artillerie, et qui éclairent sinistrement ce crépuscule de bataille.

Appelées en toute hâte, les dernières réserves du régiment se jettent à corps perdu dans la fournaise. Sauver l'Hartmannswillerkopf, tel est le mot d'ordre qui anime cette poignée d'hommes. La nuit qui tombe, le terrain bouleversé, les bombardements qui s'acharnent autour de la montagne, tous les obstacles de cette situation désespérée, n'empêchent pas les derniers soldats du 15-2 d'élever avec leurs poitrines la digue contre laquelle la ruée allemande vient se briser. Tant d'obstination a forcé le sort. Nous restons cramponnés autour du sommet. L'Hartmannswillerkopf est demeuré français.

Mais cette gloire est chèrement payée. 14 officiers, 800 hommes manquent à l'appel, tués ou prisonniers. Le lieutenant-colonel Jacquemot a été blessé à Silberloch, pendant l'attaque du 26. Frappé à ses côtés, le lieutenant Scheurer, une des plus nobles figures du 15-2, expire quelques jours après à Bischwiller, au milieu des siens! La mort de cet enfant d'Alsace est un deuil pour tout le régiment.

Le 27 avril, le lieutenant-colonel de Poumayrac vient prendre le commandement du 15-2, qui, malgré ses blessures, reste dans la mêlée. Le 3 mai seulement, il descend au repos, dans la vallée de la Thur, où l'affectueuse hospitalité alsacienne lui fait vite oublier les misères et l'horreur des derniers combats.

Après un mois de repos à Saint-Amarin et à Malmerspach, le 15-2 s'est reconstitué. Le souvenir des morts, la tradition du Spitzenberg, de Steinbach et de l'Hartmannswillerkopf, ont donné une seule âme aux renforts venus de tous côtés. Dès le 15 juin, le régiment est de nouveau dans la mêlée. Pendant que les 1er et 3e bataillons tiennent l'Hartmannswillerkopf, c'est le 2e bataillon (commandant d'Auzers) qui a l'honneur d'entrer le premier dans la bataille.

Il s'agit d'appuyer l'attaque des 68e et 27e bataillons de chasseurs dans la vallée de la Fecht, en débouchant entre Sondernach et Metzeral. Dès le premier jour, le 2e bataillon se heurte à un ennemi fortement organisé et qui résiste avec acharnement. Les 5e et 6e compagnies sortent de leurs tranchées avec leur élan coutumier, mais pendant les journées des 15 et 16 juin, les mitrailleuses allemandes et les obstacles accumulés brisent tous leurs efforts. Après un court répit, l'attaque reprend le 18 juin, sans appui de l'artillerie. Deux fois dans la journée, le bataillon part à l'assaut, pour gagner 500 mètres, au prix de quels sacrifices! Les pertes sont telles qu'il faut appeler en renfort un bataillon du 81e d'infanterie. Mais, dans la bonne comme dans la mauvaise fortune, le 15-2 reste toujours égal à lui-même. Chaque jour, comme à Steinbach, il reprend ses attaques et resserre son étreinte autour de l'ennemi qui le meurtrit. Tant d'abnégation et de ténacité forcent enfin le sort du combat, et, le 22 juin, le 2e bataillon s'empare de Sondernach en flammes.

Plus heureux, le 3e bataillon (commandant Bron), appelé à son tour à prendre part à l'attaque du 13e bataillon de chasseurs alpins sur la crête de Mattle, face à Sondernach, le 17 août 1915, s'empare d'un seul élan des tranchées du bord du Mattle.

Après ces deux attaques, le 3 septembre 1915, le 15-2 descendait au repos à Saint-Amarin. Le 6 septembre, le lieutenant-colonel Jacquemot, nommé à l'état-major du corps expéditionnaire d'Orient, faisait ses adieux au régiment. Il devait être remplacé quelques jours après par le lieutenant-colonel Segonne.

Cette période de repos fut marquée par une cérémonie simple et émouvante dont le 15-2 aime à rappeler le souvenir : c'est le 7 septembre, à Saint-Amarin, que le général Serret attache à son drapeau les deux palmes et l'étoile d'or conquises en quelques mois de guerre. Venus de tous les villages de la vallée, Alsaciens et Alsaciennes, toute la grande famille du 15-2, entourent en foule nos soldats. Et lorsque vibre la sonnerie *Au Drapeau* et que le régiment se raidit en un seul éclair d'acier, on dirait qu'un souffle imperceptible fait frissonner les grandes ailes noires des coiffes alsaciennes. Bien des yeux s'embrument de larmes, et de vieilles mains de vétérans de 1870 tremblent en essayant un salut militaire. C'est l'étreinte muette de l'Alsace française et de ses libérateurs.

Dès le 10 septembre, le 15-2 reprenait les lignes à l'Hilsenfirst. Il devait y rester trois mois. Ce long séjour ne fut marqué par aucun événement saillant. Est-ce à dire que le 15-2 vécut des jours faciles? Non certes. La vie de secteur est déprimante pour les hommes. On ne s'est peut-être pas rendu compte à l'arrière des fatigues et des souffrances de toute sorte que les soldats enduraient dans les tranchées, même les plus confortables. Le laconisme monotone des communiqués : « Journée calme, rien à signaler », quand il n'impatientait pas le public, le réjouissait. « C'est du bon temps pour les poilus », pensait-il. Le public ne savait pas...

La lecture du journal de marche du régiment est à ce point de vue singulièrement suggestive. Il est probable que, pendant le dernier trimestre de 1915, le communiqué n'a pas mentionné une fois le nom de l'Hilsenfirst. Et pourtant, tous les jours, le journal de marche enregistre des bombardements et des fusillades; et tous **les jours**, comme un refrain cruel et monotone, ces mots reviennent : **Tués... Blessés...**

Les tranchées de l'Hilsenfirst sont bombardées, l'ennemi les écrase à coups de grosses torpilles, qui projettent, en percutant sur le roc, des milliers d'éclats de pierre, plus dangereux encore que les éclats de fonte. Parfois, elles tombent sur un abri qui s'effondre, et nos hommes, épuisés, abrutis par le bombardement, doivent porter secours à leurs camarades ensevelis, réparer la tranchée bouleversée. Les nuits se passent à travailler, à guetter aux créneaux, à rôder en patrouille entre les lignes. Du matin au soir, Français et Allemands, s'épient, se fusillent, engagent de petits postes à petits postes des combats à la grenade. Et, pendant ce temps, le terrible hiver des Vosges sévit également sur les deux adversaires. La neige comble les tranchées, puis le dégel survient et change les hommes en blocs de boue. Pour ceux qui bataillent avec le régiment depuis août 1914, chaque journée ajoute ses fatigues à toutes celles qui s'accumulent déjà, à celles du Spitzenberg, de Steinbach et de l'Hartmannswillerkopf. En 1915. le système des relèves périodiques n'est pas encore établi. Non seulement, si loin qu'ils puissent regarder, les hommes n'aperçoivent pas la paix, mais ils n'ont même pas la ressource de compter les jours qui les séparent de la relève, du repos au cantonnement. Ils ont froid, ils dorment à peine, la vermine les dévore; et tous les jours ils voient tomber les camarades. Les rares poilus du 15-2 qui ont survécu ne veulent pas croire aujourd'hui qu'ils ont connu toutes ces misères, et surtout qu'ils les ont supportées sans se plaindre.

Le 4 novembre, le lieutenant-colonel Segonne quittait le 15-2 où il n'était resté que trois mois. Quelques jours après, le régiment descendait à Saint-Amarin. Il y était à peine au repos depuis une semaine, que déjà on parlait de reprendre les lignes. Déjà même on laissait entendre que ce n'était pas pour tenir un secteur, mais pour attaquer à l'Hartmannswillerkopf.

Les combats pour l'Hartmannswillerkorpf n'étaient pas encore terminés. Français et Allemands, accrochés aux pentes du rocher fameux, se disputaient la possession de la crête. Depuis de longs mois la lutte se poursuivait, ardente et sans merci. Française un jour, boche le lendemain, la crête n'était la plupart du temps à personne. Aucun des deux adversaires n'avait encore réussi à s'y organiser solidement; aucun surtout n'était parvenu à la dépasser.

Cette fois, l'ordre était formel. Le 15-2 avait pour mission, non seulement de prendre le sommet de l'Hartmannswillerkopf, mais encore de s'emparer des organisations ennemies de la cuisse droite et de la cuisse gauche, et de s'établir au delà sur les dernières pentes du massif. Ainsi il était appelé à se battre sur ses champs de bataille de mars et d'avril, où tant des siens étaient tombés. Il ne se dissimulait rien des difficultés et des périls de sa tâche, et savait que la lutte qu'il allait engager serait terrible.

Le lieutenant-colonel Semaire venait de prendre le commandement du 15-2. C'était un chef dans toute l'acception du terme. Pour qui le voyait pour la première fois, il semblait redoutable. Le colonel Semaire parlait peu, souriait moins encore. Soldat dans l'âme, il exigeait et obtenait de ses subordonnés les nobles qualités dont il donnait l'exemple : la dignité, la tenue, la fierté. Prompt à se décider, il ne revenait jamais sur ce qu'il avait arrêté. Méthodique au possible, il créait l'ordre autour de lui. Au feu, il était l'énergie incarnée. Maître absolu de ses réflexes, il ne bronchait jamais sous les marmites. Il semblait les ignorer. Ceux qui l'ont vu à Sailly rester debout, le visage immobile sous la pluie des obus, se demandent par moments s'il n'était pas aveugle et sourd. Au fond, sous une écorce rude et des dehors sévères, le colonel Semaire cachait une profonde sensibilité. Ce soldat au regard farouche, qui, au combat, ne connaissait que le devoir et dont la pensée tout entière était tendue vers le but, une fois le devoir accompli, une fois le but atteint, redevenait lui-même. Les sacrifices qu'il avait exigés de son régiment lui apparaissaient dans toute leur tragique beauté. Et quand il prenait la parole devant la tombe entr'ouverte de quelque héros, sa voix s'étranglait, ses yeux se mouillaient de larmes, son corps tout entier tremblait.

Il faut avouer que le colonel Semaire, chargé de mener à l'attaque un régiment qu'il ne connaissait pas, avait à surmonter de grosses difficultés. Elles ne l'effrayèrent pas.

C'est le 21 décembre, à 4 h. 15, que le 15-2 devait s'élancer à l'assaut de l'Hartmannswillerkopf. À gauche, le 2° bataillon (commandant Mas) attaquait l'éperon nord. À droite, le 1ᵉʳ bataillon (commandant Guey) attaquait l'éperon sud. Accolés au départ, les deux bataillons devaient immédiatement s'écarter pour permettre au 3e bataillon (commandant Bron) de s'intercaler entre eux et d'attaquer à leur hauteur. La forme du terrain avait rendu ce dispositif obligatoire. Le front de départ en effet ne dépassait pas 300 mètres. Il était impossible, sur cette étendue de terrain, de placer plus de deux bataillons, et encore avait-on été obligé d'échelonner les compagnies en profondeur. Par contre, l'objectif formait une ceinture de 1.800 mètres, qui enveloppait à la fois par le nord et par le sud l'étroit sommet de l'Hartmannswillerkopf. Deux bataillons ne pouvaient suffire pour l'occupation d'un front aussi large; d'où la nécessité de l'attaque en éventail et l'intervention immédiate du 3e bataillon entre les deux éperons de la montagne.

Massé tout près du sommet, le régiment suit heure par heure le travail de l'artillerie sur les positions ennemies : Les sifflements et les éclatements des milliers d'obus qui font jaillir devant eux la terre des tranchées allemandes et lacèrent leurs barbelés, enfièvrent nos hommes. Baïonnettes au canon, leurs grenades prêtes, ils attendent, tout frémissants, l'instant de bondir. Chacun pense aux camarades qui sont tombés là-haut sur la crête sanglante, à leurs tombes sans nom que l'ennemi foule aux pieds. Les morts du 25 avril vont être vengés. Le 15-2 s'élance à l'assaut avec une inoubliable furie.

En vain l'artillerie allemande abat devant nos soldats une barrière de fer et de flamme; en vain les mitrailleuses les foudroient. Le 15-2 veut l'Hartmannswillerkopf. Décimées, rompues, nos vagues d'assaut progressent quand même, d'un irrésistible élan. Tous ses chefs tombés, le caporal Berquand, de la 9e compagnie, entraîne ses camarades et trouve une mort héroïque devant la seconde tranchée allemande. Criblé de balles, le sous-lieutenant Sauvage succombe en criant encore : « En avant! » Les gémissements des blessés, la mort de tant de camarades ne font que redoubler la furie, l'âpre désir de vengeance des survivants. Et le Boche, voyant que tous ses obus et toute sa mitraille sont impuissants à briser cet assaut de démons, fuit devant nos baïonnettes.

Mais en avant du sommet, sur les pentes est, un promontoire, le rocher Hellé, brise un instant le flot des assaillants. Patiemment creusée par les Allemands et garnie de mitrailleuses, cette forteresse de granit a résisté au bombardement et balaie de ses feux le champ de bataille. Autour d'elle, les assaillants refluent, s'arrêtent, et c'est tout à coup le désert. L'attaque aurait-elle

échoué ? Mais non, une poignée de braves a gagné en rampant
le rocher. L'un d'eux, le sous-lieutenant Kemlin, cramponné près
d'un créneau de la forteresse, y jette des grenades que ses hommes lui font passer. Ecrasées dans leur tanière, les mitrailleuses
allemandes se taisent brusquement.

Aussitôt l'attaque reprend. Nos soldats, exaspérés par les pertes, grisés par le succès, n'ont fait que passer en courant sur le
sommet reconquis et s'élancent le long des pentes en talonnant
devant eux l'ennemi en déroute. Le ravin, les deux cuisses, tout
le champ de bataille du 25 avril est repris d'un seul élan. Nous dé-
passons même nos anciennes tranchées et portons notre ligne bien
au delà des pentes ravagées par les derniers bombardements.

Le soir du 21 décembre est un soir de victoire comme le 15-2
n'en avait jamais connu. A lui seul, en quelques heures, il s'est
emparé de tout le massif de l'Hartmannswillerkopf qui avait résisté jusque-là à toutes les attaques. Sa garnison jonche de ses
cadavres le champ de bataille, et plus de 800 prisonniers feldgrau
vont traverser, la tête basse, les villages alsaciens et annoncer à
tous ces braves gens de la vallée le nouvel exploit de leur cher
15-2. Les 22 officiers et les 400 hommes que le régiment a perdus
sont tombés en plein triomphe. Plus d'un de leurs camarades
devait le lendemain envier leur trépas.

Le cœur se serre au souvenir de cette fatale journée du 22
décembre, où le sort injuste anéantit l'œuvre de tant de sacrifices et d'héroïsme. Pourquoi faut-il qu'une journée de victoire
ait eu un pareil lendemain? Toute la nuit, autour de l'Hartmannswillerkopf, où nos soldats fatigués reposent dans leur gloire,
l'Allemand travaille fiévreusement, concentre une formidable artillerie, masse tout près de nos tranchées improvisées tous les
bataillons d'élite qu'il tenait prêts pour ce dernier effort.

Au matin du 22, la contre-attaque se déchaîne. Le 15-2, déployé en une longue ligne mince que l'ennemi déborde et perce
à droite et à gauche, accroché sur les pentes abruptes où le bombardement le foudroie sans que notre artillerie puisse le soutenir,
lutte désespérément toute la matinée et oppose ses seules forces,
décimées et épuisées par les combats de la veille, à la ruée des
troupes fraîches que l'ennemi jette sans répit, par bataillons
entiers.

Bientôt le régiment est débordé, isolé à droite et à gauche, et
l'étreinte se resserre autour de ses trois bataillons, dont l'effort
surhumain prolonge encore la lutte. Les renforts appelés en hâte

sont trop loin. Maintenant le 15-2 a perdu même l'espoir de se dégager. Mais le vieil honneur du régiment réclame le sacrifice suprême. Sans cartouches, assaillie à coups de grenades et de mitrailleuses, cette poignée de héros se bat toujours, avec ses baïonnettes, avec ses pioches. Le commandant Guey, voyant à ses pieds les débris de son bataillon submergés par l'ennemi, rallie autour de lui quelques hommes, leur fait mettre la baïonnette au canon et, la canne à la main, se jette à leur tête sur les Allemands en criant : « Vengeons le 15-2! » Il tombe foudroyé d'une balle au cœur. Enfin, au bout de huit heures de corps à corps, cernés au fond du ravin de l'Hartmannswillerkopf ou traqués à travers les rochers, les derniers Français succombent sous le nombre comme leurs ancêtres dans le vallon de Roncevaux. Pour la seconde fois, l'Allemand prend pied sur ce sommet sacré de l'Hartmannswillerkopf; pour la seconde fois sur cette terre fatale, le 15-2 tombe, anéanti dans sa victoire.

Comme le colonel Semaire, après avoir donné leur mission aux deux compagnies du 23e régiment d'infanterie qu'on venait de lui envoyer en renfort, rentrait au P. C., les premiers tirailleurs allemands surgissaient à travers le brouillard et la fumée des éclatements, et pénétraient sur tout le front, dans nos anciennes tranchées. Il n'y avait plus de doute : le 15-2 n'existait plus. Le colonel Semaire n'avait plus de régiment. Irait-il le rejoindre en captivité? Peut-être, mais d'abord il se défendrait! Cyclistes, téléphonistes, travailleurs, tous ceux qui se trouvaient autour du P. C. furent ralliés en quelques instants. L'officier téléphoniste, le lieutenant Mercadier, un vieux territorial d'une ardente bravoure, prit le commandement de ces quelques hommes. Il avait saisi un fusil et, debout sur le parapet, tirait sur les Boches. En vain, son ordonnance le suppliait de faire attention : « Mon lieutenant, baissez-vous... Mon lieutenant, on vous vise... », le lieutenant Mercadier n'écoutait pas et tirait toujours. Une balle l'atteignit à la tête, il tomba pour ne plus se relever. Son sacrifice avait fanatisé ses hommes. Les colonnes allemandes, décontenancées, s'arrêtent, refluent devant eux, et le sommet de l'Hartmannswillerkopf reste malgré tout au 15-2. C'est la tête haute que ces derniers survivants descendent à travers les vallées alsaciennes en deuil. 48 officiers, 1.950 hommes manquaient à l'appel, après les deux journées du 21 et du 22 décembre. Parmi eux, le 15-2 n'oublie pas le tambour-major Mignaut, le doyen des tambours-majors de France, vieux soldat que les fatigues de la guerre n'avaient pu briser et qui fut tué en essayant d'organiser, sous le bombardement, une chaîne de coureurs. Combien d'autres braves reposaient sans sépulture sur le champ de bataille, poursuivis même par delà la mort par l'implacable bombardement! Et quant à ceux qui, épuisés par leur suprême résistance, prenaient tristement le chemin de la captivité, les égards dont l'ennemi les entoura montrent au moins quel respect leur vaillance avait su lui imposer.

Le 29 décembre, les débris du 15-2 étaient transportés en camions à Saulxures-sur-Moselotte. Dès le 30, les premiers renforts arrivaient. Toutes les divisions de la VIIe armée avaient envoyé des sections constituées; et l'on vit même venir deux escadrons de cavaliers, fiers de servir sous le drapeau du 15-2 et de prouver à leurs frères de l'infanterie qu'ils sauraient les égaler en bravoure.

Avec ces éléments disparates et ces cadres presque neufs, il s'agissait, non pas de combler des vides, mais de refaire un régiment, et quel régiment! Celui du Spitzenberg, de Steinbach, de l'Hartmannswillerkopf. Héritier de tant de gloire, le 15-2 ne pouvait pas déchoir. Le colonel Semaire le sentait bien. Il était descendu de l'Hartmannswillerkopf, le cœur accablé, en songeant à tous ces hommes qu'il avait menés à la victoire, sans les connaître, et qu'il ne reverrait jamais. Mais son âme était trop forte pour s'abandonner à ces tristesses. Les héros du 21 décembre réclamaient autre chose qu'un long deuil. Le colone Semaire sut faire entendre aux nouveaux soldats du 15-2 l'impérieux langage des morts : reprendre la tâche qu'ils avaient entreprise, les venger, c'était rendre à leur mémoire le seul culte digne d'elle. Les nouveaux soldats du 15-2 le comprirent et, au bout de quelques semaines, le régiment n'avait plus qu'une seule âme, celle des morts, une seule volonté, celle de son chef.

Avec de tels soldats la revanche était assurée. Cette revanche allait tarder. A partir de 1916, l'Alsace devenait un secteur plus calme. Un autre front s'était allumé, celui de Verdun. On ne parlait plus de l'Hartmannswillerkopf dans les communiqués. D'autres noms allaient devenir célèbres, qui la veille étaient ignorés. Le 15-2 irait-il à Verdun? Il le crut longtemps. Mais on le garda plusieurs mois en Alsace.

Tour à tour on le voit dans le secteur du Sihl, du Faux-Sihl (janvier), puis de Steinbach (février-mars), où ses trois bataillons sont en ligne, le premier (commandant de Widerspach), à Colardelle, le second (commandant Thiéry), à Ayné, le troisième (commandant Deleau), à l'Alsacienne; puis au Sudelkopf (avril-mai), puis enfin une dernière fois à l'Hartmannswillerkopf (juin). Ces périodes de secteur dont certaines, les deux dernières surtout, sont assez mouvementées, et au cours desquelles le 15-2 exécute de brillants coups de main, tel celui du 9 mars sur le saillant de la côte 425, ces périodes de secteur sont coupées de courts repos à Moosch — Saint-Amarin — Malmerspach — Bischwiller.

Ainsi, de février à juillet 1916, le hasard des relèves ramène le régiment, comme pour un pèlerinage, sur ses champs de bataille. Steinbach revoit les écussons du 15-2. Mais de tous ceux qui ont combattu là, combien sont encore vivants? Combien se souviennent des corps à corps qui ensanglantèrent le cimetière et l'église? Presque tous ces vaillants sont morts, et l'église meurt elle aussi, et tombe en ruines sous son clocher déchiqueté et sous son toit béant. Le christ seul, intact, au milieu des décombres, dans ce lieu de paix devenu un champ de bataille, un charnier, étend au-dessus de tant d'horreur et de mort ses bras crucifiés.

Les hommes ont passé, humbles et sublimes ouvriers de la grande cause, tombés en se transmettant le flambeau. Mais le régiment demeure, fort de tous les héroïsmes obscurs, de tous les sacrifices ignorés, et il perpétue chez les vivants la grande âme anonyme des morts. Le 15-2 est toujours le même, prêt pour de nouvelles abnégations, toujours obstiné dans l'accomplissement de sa tâche, si dure soit-elle. Lourd de toute la gloire amassée pendant ces deux premières années de guerre, le drapeau est aux mains d'une génération nouvelle de héros, qui sauront le porter et le transmettre à leur tour, plus glorieux, jusqu'au bout!

LA SOMME

Cléry; Saïlly-Saillisel

(3 septembre — 15 octobre 1916.)

... A Cléry, faisant p'a:e nette
Dans un enragé corps a corps.
A Sailly, qui croit voir encor
Etinceler ses baïonnettes.

(Chant du régiment).

Le 13 juillet, le 15-2 quittait définitivement l'Alsace. Il ne devait plus revoir, au cours de la campagne, l'agréable vallée de la Thur. Il ne devait plus revoir non plus les crêtes fameuses où pendant deux ans, presque sans arrêt, il avait lutté avec une énergie farouche qui lui avait valu, de la part des Boches, le surnom expressif de « régiment du diable ».

Certes, la guerre de montagne avait été rude; certes, les combats épiques livrés pour la possession de l'Hartmannswillerkopf avaient coûté cher. Mais le 15-2 était chez lui en Alsace et les jolies filles de Thann et de Saint-Amarin lui avaient donné, à chacun de ses repos, de nouvelles raisons de chérir tout particulièrement leur pays. Aussi, ne faut-il pas s'étonner que les vétérans du 15-2 aient éprouvé, en quittant l'Alsace, moins de joie à fuir un champ de bataille où tant de camarades étaient tombés, que de regrets à s'éloigner des foyers aimables de l'hospitalière vallée.

Et puis, le 15-2 savait bien que, quelles que fussent ses nouvelles destinées, il restait toujours le régiment de l'Hartmannswillerkopf. Au fond, il gardait pour le rocher sanglant une profonde tendresse et une reconnaissance émue. N'était-ce pas l'Hartmannswillerkopf en effet qui lui avait mérité le titre qu'il a gardé, et dont il est jaloux, de « premier régiment de France »?

Retenu à l'Hartmannswillerkopf pendant les échauffourées de Verdun, le 15-2 n'ignorait pas le sort qui lui était réservé. Régiment d'élite, pour qui avait été créé le glorieux insigne de la fourragère, le 15-2 se sentait promis à de nouveaux et durs combats; mais la perspective des futures hécatombes n'altérait ni sa bonne humeur ni sa sérénité. Et le voyage qui devait le porter des rives de la Thur aux rives de la Somme, coupé par quelques haltes, d'abord au camp d'Arches, puis au camp de Crèvecœur, fut un véritable voyage d'agrément.

Le 19 août, le 15-2 se rapprochait du front de la Somme. La bataille faisait rage. Depuis quelques semaines déjà, le Boche, d'abord décontenancé, s'était ressaisi et opposait à nos armées la même résistance que quelques mois plus tôt nous lui avions opposée sur les deux rives de la Meuse. Pourtant, notre offensive continuait. Ainsi, le 15-2 allait être engagé sur le champ de bataille de la Somme, à l'heure où l'ennemi avait achevé de concentrer son artillerie et ses réserves. Les combats pour Cléry compteront assurément parmi les plus meurtriers qu'ait livrés le régiment.

L'attaque a lieu le 3 septembre. Mais, dès le 26 août, le régiment qui est en réserve de division dans une zone particulièrement marmitée subit des pertes sensibles. Le 27, la 5ᵉ compagnie (capitaine Grisard), qui occupe la fameuse tranchée de Hanovre, est soumise à un bombardement d'une violence inouïe. La tranchée est complètement bouleversée. Tout le 2ᵉ bataillon, la 5ᵉ compagnie surtout, subit le contre-coup de l'attaque infructueuse des chasseurs de la division. Le 29 et le 30 août, l'activité de l'artillerie ennemie redouble et cause de nouveaux vides dans les rangs des 2ᵉ et 3ᵉ bataillons, qui ont relevé, après son échec, le 5ᵉ B. C. P. La pluie qui tombe sans arrêt a rendu impraticables les tranchées de départ et les boyaux qui y accèdent. Les poilus du 15-2 sont terrés dans des trous remplis d'eau. La boue les recouvre des pieds à la tête, se mêle à leurs aliments, encrasse leurs armes. Ces hommes n'ont plus figure humaine. Ils chantent pourtant, ils ont le courage de chanter. Et de leurs doigts informes ils roulent des cigarettes qu'ils parviennent, je ne sais comment, à fumer. Et ils savent qu'ils n'ont encore rien vu et que toutes ces souffrances sont peu de chose en comparaison de ce qu'ils endureront le jour où, à leur tour, ils franchiront le parapet et se porteront à l'assaut. Ce jour, ils l'attendent sans émotion. Ils le désirent même. Mieux vaut en effet la mort utile, la mort puissante, face aux Boches, les armes à la main, que cette vie dans les trous, dans la boue, au milieu des cadavres et sous le bombardement perpétuel.

Le 3 septembre, le jour de l'attaque, le régiment est épuisé, et les pertes qu'il a subies font qu'il n'est déjà plus que l'ombre de lui-même. Pourtant l'attaque débouche dans un ordre impressionnant, se déroule avec une vigueur magnifique et aboutit à un succès écrasant. A gauche, le 2ᵉ bataillon, que commande un remarquable entraîneur d'hommes, le commandant Thiéry, se jette en avant dans l'ordre et la simultanéité du terrain de manœuvre par surprise, et, sans s'occuper des résistances qu'il rencontre, poursuit sa marche foudroyante. Cette manœuvre voulue et que le commandant Thiéry a baptisée du nom qui lui restera, la « ruée en bloc », le 2ᵉ bataillon l'exécutera plusieurs fois au cours de la campagne, et toujours avec le même succès. Elle suppose une volonté de fer, une foi invincible dans la réussite et un cran de tous les diables : qualités éminemment propres au 15-2. A Cléry, elle a permis l'enlèvement rapide de tous les objectifs, c'est-à-dire la prise des tranchées de la Wezer, Terline et Fryatt, et la capture de nombreux prisonniers. A droite, le 3ᵉ bataillon fut moins heureux. Décimé dès sa sortie des tranchées par de nombreuses mitrailleuses, privé de son chef, le commandant Deleau, et de la plupart de ses officiers, il fut obligé de s'arrêter devant la tranchée de la Wezer, solidement tenue et organisée par l'ennemi. Ainsi, le 2ᵉ bataillon formait un saillant qui pouvait devenir dangereux. Le 2ᵉ bataillon fit comme si le danger n'existait pas. Il ne lâcha pas un pouce de terrain, s'organisa rapidement et solidement sur les positions conquises et obligea ainsi les Allemands, qui résistaient encore à sa droite et derrière lui, à abandonner la tranchée de la Wezer et la route de Cléry - Maurepas.

Dans la nuit du 4 au 5 septembre, le 15-2 était relevé par le 174ᵉ R. I. Il avait perdu, dans les deux journées du 3 et du 4 septembre, 15 officiers dont 6 tués, et 561 hommes, dont 211 tués. Si l'on ajoute à ces pertes toutes celles subies pendant la longue période d'attente du 27 août au 3 septembre, et qui furent sensiblement égales, on conviendra aisément qu'après une telle bataille, le 15-2 avait besoin d'une détente pour se reposer, se reformer et se préparer aux nouveaux efforts qu'on devait exiger de lui.

Cette détente dura plus d'un mois, ce qu'il fallait de temps en somme pour recevoir et amalgamer les renforts et donner par quelques exercices et quelques manœuvres un peu de cohésion au régiment. Mais les renforts n'arrivèrent pas tout de suite, et, comme dans ce court espace d'un mois tous les rescapés de

Cléry étaient autorisés à partir en permission, le régiment, appelé de nouveau dans la Somme, quitta ses cantonnements de la Seine-Inférieure le 10 octobre, sans autre ciment ni liens que ceux d'une tradition vivace qui, malgré le temps, malgré les pertes, malgré le renouvellement perpétuel des cadres et des troupes, s'est toujours exactement conservée. Vétérans et nouveaux venus savaient parfaitement d'ailleurs que les combats de la Somme, plus violents que jamais, n'étaient pas encore terminés, et qu'il faut moins d'une journée à des camions pour transporter les troupes, si loin qu'elles soient cantonnées, à proximité du champ de bataille. Mais le poilu du 15-2 n'est pas un sentimental. Il vit au jour le jour; le passé ne l'intéresse guère, l'avenir encore moins. Il accepte à l'avance avec une résignation totale les arrêts de la destinée. Seuls, ceux qui ont le redoutable honneur de le conduire au feu se laissent aller parfois, entre deux combats, aux graves préoccupations du lendemain. Soldats du 15-2, au lendemain de Cléry et à la veille de Sailly, vous chantiez à tue-tête dans les joyeux cabarets d'Haussez. Mais votre colonel songeait, pendant qu'il en avait encore le droit, aux nouvelles épreuves, aux nouvelles fatigues, aux nouvelles souffrances qui vous attendaient, et d'avance il saluait ceux d'entre vous qui, à peine nés à la lumière, ô beaux et robustes soldats de la classe 16, la plus belle des classes de la guerre, étaient condamnés à périr.

Le 10 octobre, le régiment, enlevé en camions automobiles, débarquait vers 16 heures à la ferme Bonfay (ouest de Maricourt), et, dès la tombée de la nuit, gagnait son bivouac du ravin de Maurepas. Dans la nuit du 13 au 14, le 15-2 relevait, devant Sailly-Saillisel, les débris du 150° R. I. qui, plusieurs fois et toujours sans succès, avait essayé de s'emparer du village de Sailly. Les pertes effroyables subies par le 150°, le monceau de cadavres qui jonchaient le champ de bataille depuis Frégicourt jusqu'aux tranchées de première ligne, l'aspect lunaire de cet immense bled désolé, les renseignements fournis par les reconnaissances d'officiers, envoyées dans le secteur vingt-quatre heures à l'avance, n'étaient pas faits pour encourager un régiment fraîchement débarqué, et jeté du jour au lendemain dans la bataille. La relève s'effectua pourtant dans un ordre parfait. La nuit d'ailleurs fut assez calme. Mais, dès le 14 au matin, tout le monde fut fixé sur le régime de tir de l'ennemi, régime qui égalait le nôtre en violence et en continuité. Dans la nuit du 14 au 15, les tranchées de première ligne où s'entassent les poilus des bataillons d'attaque sont soumises à un bombardement formidable, qui bouleverse tout et met plus de 100 hommes hors de combat.

Le 15 octobre, à 17 h. 10, l'attaque se déclenche soudaine, brutale, irrésistible. Le 15-2 renouvelle avec le même brio et le même succès sa charge héroïque du 3 septembre sur les tranchées Terline et Fryatt. Spectacle inoubliable que celui de cette mer humaine qui s'élance dans un ordre parfait, comme·à la manœuvre, malgré le crépitement des mitrailleuses, à l'assaut du parc de Sailly. A la vue de ces légions audacieuses, qui, la baïonnette haute, se précipitent sur eux, les Boches, qui tiennent encore la lisière sud du parc, pris de panique, fous de terreur, jettent bas les armes, et les mains levées s'élancent vers les assaillants pour se rendre. Mais ceux-ci ne les voient pas, pas plus d'ailleurs qu'ils ne voient tomber tout autour d'eux ceux de leurs camarades que fauche la mitraille ennemie. A droite, le 2e bataillon, que commande toujours le commandant Thiéry, fonce tête baissée sur le mur ouest du parc, puis sur le château, puis sur les vergers est du village, et ne s'arrête qu'à 300 mètres à l'ouest de la route de Bapaume à Péronne. A gauche, la 3e compagnie, que commande le lieutenant Flottes, se porte d'un seul bond, malgré des feux violents de mitrailleuses et en balayant tout ce qu'elle rencontre, jusqu'à la lisière est du village, et s'établit face au nord, à cheval sur la route de Bapaume. Moins heureuse, la 2e compagnie est obligée de s'arrêter devant l'observatoire, ce qui crée un énorme trou entre les deux compagnies. Mais la compagnie Flottes ne s'émeut pas un seul instant. Elle s'organise au nord et à l'est du village, sans s'inquiéter de son manque de liaison à gauche avec le reste de son bataillon. Contre-attaquée, dans la nuit du 15 au 16, à la fois par le nord et par l'est, menacée d'être tournée à sa gauche, elle résiste avec un acharnement splendide, qui est tout à l'honneur de ses chefs : le lieutenant Flottes, les sous-lieutenants Dubois et Vinatier. Son énergique attitude, son calme merveilleux permettent au chef de bataillon (commandant Toussaint) de rétablir, le 17 à la première heure, la continuité de son front. Ceux qui s'étaient autorisés du précédent de Cléry pour croire qu'aussitôt l'attaque terminée, le 15-2 serait relevé, s'étaient trompés. Comme à Cléry, le 15-2 devait connaître les horreurs des interminables bombardements, l'absence ou la précarité du ravitaillement, les longues nuits sans sommeil dans les trous d'obus. A Cléry, le régiment avait souffert avant l'attaque: à Sailly, ce fut après. Le 15-2 dut organiser la défense de Sailly, se creuser des trous, vivre dans ces trous sous la perpétuelle menace de la contre-attaque. Et de fait, les contre-attaques ne manquèrent point, accompagnées des tirs d'artillerie les plus violents. Elles ne purent ébranler les nerfs des héroïques soldats du 15 octobre. Le 15-2 ne voulait pas que tant de sacrifices fussent vains. Il préférait en consentir d'autres et, dans son désir passionné de conserver intacts ses gains du 15 octobre, il trouvait l'énergie suffisante pour résister aux plus furieux assauts. Ce n'est que le 26 au soir que le 3ᵉ bataillon était relevé. Sa relève suivait de trois jours seulement celle des deux bataillons d'attaque. Au cours des combats pour Sailly, sur 60 officiers et 1.916 hommes engagés en première ligne, 37 officiers et 988 hommes furent mis hors de combat.

Il faudrait des pages et des pages pour relater tous les actes de courage individuels, et tous les épisodes héroïques ou pittoresques de cette lutte farouche. Citerons-nous le cas de ce lieutenant qui, ayant aperçu au cours de l'attaque, dans un immense entonnoir, une quinzaine de Boches dont un officier, s'avance vers eux, l'arme à la bretelle, suivi seulement de son ordonnance, et tout joyeux de son coup de filet, tend instinctivement la main à l'officier allemand comme pour le remercier de s'être trouvé sur son chemin? Citerons-nous le cas de ce sous-officier, un Vosgien de race, le sergent Hantz, qui, fait prisonnier et désarmé, se débat à coups de poing et réussit à regagner nos lignes? Et tant d'autres! Sur les 1.900 combattants, il y a 500 jeunes gens de la classe 16 qui n'ont pas encore vu le feu. Le baptême est dur. Ils le reçoivent sans sourciller. Quelques-uns tremblent pourtant. Mais les vieux sont là, qui les encouragent et les réconfortent. Le 14 au soir, au plus fort du bombardement, sous une véritable pluie d'éclats et au milieu du tonnerre des gros percutants, un jeune soldat de la classe 16, véritable Marie-Louise, éclate soudainement en sanglots. Il est visible qu'il a peur. Instinctivement, il cherche des yeux son lieutenant, puis, l'ayant aperçu, il vient à lui et se jette dans ses bras. L'officier voudrait le gronder. Mais tant de jeunesse le désarme. Il serre le soldat contre sa poitrine et le berce doucement, comme une mère son enfant. Le jeune bleuet est aujourd'hui un des plus fiers tapins du régiment, et sur sa poitrine brille une croix de guerre constellée d'étoiles. Sailly a donné la mesure de tous. Il semble même que les spécialistes, ceux qui ont ce qu'on appelle, très improprement certes, « un filon », je veux parler des musiciens-brancardiers, des pionniers, des téléphonistes, aient voulu prouver qu'eux aussi savaient se faire tuer avec la même crânerie, la même indifférence que leurs camarades.

Le poste de commandement du colonel Semaire se compose exclusivement d'une petite sape construite à la hâte, où un homme pourrait à peine s'allonger. C'est de ce petit trou que partent tous les ordres et là qu'aboutissent tous les renseignements. Cette sape, le commandant du Bourg l'a appelée l'Autel du Commandement. Et de fait, tous ceux qui l'entourent, officiers de l'état-major du régiment, coureurs, sapeurs, téléphonistes, parlent à voix basse et semblent participer à quelque étonnant mystère. Le colonel Semaire, assis au fond de la sape, dicte du matin au soir les ordres à son premier secrétaire, son fidèle Berget comme il l'appelle. Le colonel Semaire et le fidèle Berget sont restés huit jours, le premier assis, le deuxième accroupi à l'entrée de la sape, sans prendre le moindre repos. Le commandant du Bourg, lui, ne tient pas en place. Il bénit le Ciel de n'avoir aucun commandement, ce qui l'autorise à faire mille escapades, qui lui procurent toutes (il l'assure, et c'est exact) de « délicieuses émotions ».

Le commandant du Bourg est un voluptueux, il a la volupté du danger. Dégagé de toute obligation militaire, il a repris du service au début des hostilités, et de cavalier s'est fait fantassin. Il y avait peu de cavaliers aussi accomplis, il n'y a pas aujourd'hui de plus parfait fantassin. Le commandant du Bourg est un snob... Il ne veut pas faire la guerre comme tout le monde. Surtout, il ne veut pas qu'on dise qu'elle est dépourvue d'agréments. Le commandant du Bourg adore recevoir des marmites. Quand il n'en tombe pas où il est, il s'en va là où elles pleuvent. Il s'attarde comme à plaisir aux carrefours les plus dangereux, emprunte les itinéraires les plus bombardés et, sous le fallacieux prétexte d'enrichir sa collection, photographie de préférence tous les coins que le commun des mortels évite. Rassurez-vous, le poilu voit clair. Il sait que le commandant du Bourg est un homme très fin, très distingué; qu'il a goûté dans la vie toutes les joies : joies de l'artiste (le commandant du Bourg est peintre, poète et musicien), joies de la fortune, joies du père de famille, et qu'il leur a préféré la joie d'être au milieu d'eux, dans les coins les plus durs du front. Ce qu'ils ne savent pas, c'est que le commandant du Bourg a un fils qui attend impatiemment l'heure de s'engager et d'être un poilu comme eux, et qu'il continue, pour cet enfant, sur le champ de bataille, l'éducation par l'exemple. Le poilu admire cet homme heureux, comblé, titré, qui soutient sans rire qu'il n'y a rien de plus délicieux que de braver la mort, ni de plus facile que de la subir. Le commandant du Bourg est un paladin. Sans attribution de

commandement direct, comme adjoint au chef de corps, il est
surtout un personnage moral. Il s'est donné la tâche d'être
l'exemple dans les moments difficiles. Et s'il se rase soigneusement tous les matins dans son trou d'obus, s'il parvient dans
les pires heures de la bataille à friser quand même ses mousta-
ches, ce n'est pas, croyez-le bien, pour le seul plaisir d'étonner
les foules. Le commandant du Bourg, à Sailly comme partout
ailleurs, sait qu'il a un très grand rôle à jouer. Ce rôle, il le
joue avec un brio, un calme et une autorité magnifiques.

Parmi les nombreuses victimes tombées devant Sailly, il faut
citer le Dr Sery, médecin-chef du régiment, et le chef de musique,
M. Messager. Deux types de héros bien différents et qui se va-
lent. Le Dr Sery est un incorrigible épicurien; M. Messager ap-
partient au contraire à la catégorie des hommes qui n'ont jamais
souri. Qui ne se rappelle le premier, huit jours avant le départ
pour Sailly, les mains dans les poches, la cigarette aux lèvres,
son petit calot sur l'oreille. Il est adossé, place de l'Opéra, à
une boutique et, l'œil vif et allumé, il regarde passer les pi-
quantes Parisiennes. Il a trente ans, on lui en donnerait vingt à
peine. On se retourne, on le regarde. M. Messager, lui, a déjà
un certain âge. C'est un Breton têtu, rigide, d'une étonnante
austérité. Il a la foi robuste du charbonnier, l'implacable intran-
sigeance du fanatique. La sévérité de ses mœurs est proverbiale
au régiment. Au repos, le Dr Sery et M. Messager ont de fré-
quentes prises de bec. Sery attaque Messager. Messager excom-
munie Sery. Tous deux, au fond, ont l'un pour l'autre une mu-
tuelle estime. En effet, si dissemblables qu'ils soient, un lien
les unit étroitement, le sentiment poussé à l'extrême de l'honneur et du devoir. Le 17 octobre, à Sailly, ils sont côte à côte
au poste de secours; Sery attend les blessés; Messager dirige
ses équipes de brancardiers. On leur apprend que le médecin
du 1er bataillon a été enterré dans son trou. Tous deux instinctivement se lèvent et, sans se soucier du bombardement, ils s'en
vont. Sery toujours souriant, Messager toujours grave, à travers les trous d'obus, par-dessus les cadavres, porter secours
au camarade en danger. Un fusant éclate au-dessus d'eux et les
étend raides morts. Le Dr Sery, le dilettante, et M. Messager,
le saint, ont été pleurés de tout le régiment.

Le 27 octobre, le régiment était enlevé en camions à Suzanne.
Il arrivait le soir même au Bosquet (Somme). Quelques jours
après, il embarquait en chemin de fer pour aller se reformer à
Corcieux, dans les Vosges. Le 15-2 avait payé largement son
tribut à l'armée de la **Somme**.

Il avait, par la conquête de la tranchée Terline, permis la prise de Cléry. Et au plus fort de la réaction ennemie, il était parvenu, le 15 octobre, en enlevant Sailly, à effectuer une avance de plus d'un kilomètre. On se souvient de la difficulté qu'il y avait en 1916 à réaliser le plus petit gain de terrain et des sacrifices qu'entraînaient de pareilles attaques. Cléry et Sailly avaient coûté au régiment près de 60 officiers et plus de 2.000 hommes. Cléry et Sailly lui avaient valu par contre une troisième citation à l'ordre de l'armée.

LE CHEMIN-DES-DAMES

Les Casemates, la Grotte du Dragon, Vauc'erc

(22 mai — 25 juin — 24 juillet 1917.)

... Il sut en moins de six semaines
Prendre Vauclerc aux Bavaros.
Et la grotte où, tremblants d'effroi,
Se terraient les hordes germaines.

(Chant du régiment).

Le séjour à Corcieux fut de courte durée. C'est à Giromagny,
près de Belfort, que le 15-2 qui avait reçu dans l'intervalle les
bleuets de la classe 17 — le joli discours de bienvenue que leur
fit le commandant du Bourg, en leur présentant le drapeau! —
c'est à Giromagny que le 15-2 pansa ses blessures et se réorga-
nisa. Giromagny, que de souvenirs attachés à ce nom! De tous
les cantonnements occupés par le régiment, c'est peut-être celui
dont on parle le plus entre vétérans. On évoque le fameux Cer-
cle des officiers, les messes en musique, les concerts sur la place
publique, les soirées récréatives données par les artistes du régiment. On évoque surtout la prise d'armes célèbre, où, par une
après-midi ensoleillée, le colonel Semaire, à peine remis d'une
terrible chute de cheval, passa à pied la revue de son beau régiment et remit, aux applaudissements d'une foule enthousiaste,
la croix des braves à deux héros de Sailly : le sergent Lierman
et le caporal infirmier Desaga.

C'est à Giromagny que le 15-2 fut rattaché à la 164ᵉ division
d'infanterie, division de formation récente, que commandait le
général Gaucher. D'ailleurs le régiment n'arrivait pas seul de la
66ᵉ à la 164ᵉ. Le colonel de Combarieu, le chef très populaire de
la 81ᵉ brigade, avait été appelé au commandement de l'infanterie
divisionnaire de la division Gaucher.

Ainsi il demeurait auprès du 15-2, régiment qu'il a le plus
aimé après son cher 97ᵉ, et qui lui a rendu d'ailleurs et lui con-
servera son affection et son dévouement.

Le 3 décembre, le 15-2 quittait Giromagny pour l'Alsace. Hélas! ce n'était pas dans la vallée de la Thur que le régiment devait établir ses quartiers d'hiver, mais en avant de Dannemarie, dans la forêt de Carspach. Certes, la Basse-Alsace est moins attrayante que l'autre. Certes, Dannemarie et surtout les villages des environs sont moins animés, moins gais que les villes de la Thur. Le 15-2 n'eut pourtant pas à se plaindre de son contact avec le Sundgau. Il y fut reçu avec la même cordialité et la même simplicité qu'à Bischwiller et à Saint-Amarin.

Le secteur de Carspach appartenait à la catégorie des secteurs tranquilles. Au sortir de Cléry et de Sailly, le régiment s'y considérait comme au repos. Pourtant, comme dans tout secteur calme qui se respecte, il y avait à Carspach un point de friction peu commode et tout indiqué pour ce genre d'opérations qu'on a appelé des « coups de main » : je veux parler de la pointe du Schönholz. Peut-être ce morceau de la forêt de Carspach méritait-il autrefois le titre de « beau bois ». Les gros minens qui ne cessaient de s'écraser sur les lignes, dans les boyaux, sur les abris, l'avaient complètement défiguré.

Le 14 janvier 1918, le colonel Semaire, nommé chef d'état-major au 13e corps, se séparait non sans émotion du glorieux régiment qu'il commandait depuis plus d'un an. Le 15-2, qui était en ligne, ne put faire à son chef des adieux dignes de lui. Pourtant la cérémonie qui eut lieu au poste de commandement de la maison forestière n'en fut pas moins touchante. Quelques officiers seulement, et les hommes qui composaient l'habituel entourage du colonel, s'étaient rassemblés devant la porte du P. C. Le colonel Semaire n'était plus le même. Cet homme au masque énergique et sévère avait des larmes dans les yeux. Il donna une longue accolade au commandant du Bourg, qui la reçut religieusement les paupières baissées, comme le chrétien reçoit l'hostie. Puis il s'éloigna, adressant du regard un dernier adieu à tous les absents, à ses braves qu'il avait conduits au feu à l'Hartmannswillerkopf, à Cléry, à Sailly, et qui, l'arme au pied, l'oreille tendue, l'œil attentif, accomplissaient dans la tranchée et sous la neige la dure besogne de guetteurs.

Le 15 janvier, le lieutenant-colonel Barrard, le nouveau colonel du 15-2, arrivait à la Forestière. Dès le 16 au matin, il était en ligne. Le 17, il connaissait déjà tout son secteur et tous ses officiers. Le colonel Barrard, qui avait commandé au début de la campagne le 91e régiment d'infanterie auquel il était resté très attaché, eut tôt fait d'apprécier et d'aimer le 15-2. Le 15-2 eut tôt fait également d'estimer et de chérir ce soldat robuste et

passionné, cet infatigable et puissant travailleur, ce guerrier
dans toute l'acception du terme, qui devait en trois mois conduire trois fois son régiment à la victoire sur le Chemin-des-
Dames, et lui ouvrir une page si honorable au glorieux livre
d'or de Verdun.

Le séjour du 15-2 en Basse-Alsace dura plusieurs mois. Après
le secteur de Carspach, le régiment eut à tenir celui de Buettwiller. Ce dernier secteur était encore plus étendu que l'autre.
Il avait lui aussi son point de friction, le fameux saillant de Vaffier, véritable nid à minens, lambeau de terrain désolé, sans végétation, et qui rappelait les coins les plus chaotiques de la
Somme. Les coups de main ne manquèrent pas ni au Schönholz
ni à Vaffier. Il semble qu'ils n'aient eu d'autre but que d'entre-
tenir les qualités offensives du 15-2, qualités qu'un régime de
stabilisation prolongé risquait d'émousser. Ces coups de main
étaient exécutés par les groupes francs, exclusivement composés
de volontaires, tous braves à trois poils, difficiles parfois à conduire, au repos, mais qui, dès qu'il s'agissait de taper sur le
Boche, marchaient avec un entrain admirable. Il faut dire aussi
qu'ils avaient à leur tête le commandant du Bourg et un jeune
officier d'une bravoure exceptionnelle, le sous-lieutenant Guillaume.

Dans l'intervalle, les poilus du 15-2 remuaient la terre et,
grâce à l'impulsion énergique du colonel Barrard qui s'acharnait
à faire des pionniers de tous les combattants, construisaient tranchées sur tranchées, boyaux sur boyaux, ouvrages sur ouvrages. Quand le 15-2 passa le secteur de Buettwiller au 63e régiment d'infanterie, il pouvait être fier de son travail. Il avait fait
œuvre utile et prouvé qu'un régiment d'attaque sait aussi, quand
il le veut, organiser intelligemment un secteur.

Le 13 mars, le régiment quittait la région de Dannemarie et,
le 10 mai, après deux mois d'instruction et d'entraînement in-
tensif au camp de Cerre-lès-Noroy d'abord, puis à Taillefon-
taine, puis à Verdilly, il se rapprochait du champ de bataille du
Chemin-des-Dames. La fameuse attaque du 16 avril n'avait pas
donné les résultats qu'on attendait d'elle. Au fond la tentative
de percée avait échoué, et les chars d'assaut sur qui on fondait
tant d'espoirs gisaient lamentablement sur le terrain. Il ne s'agissait plus dès lors que de maintenir les gains partiels obtenus en
avril, et de les élargir sur les différents points de la crête où la
profondeur de défense faisait défaut. Il s'agissait également de
conserver la direction des opérations et d'empêcher l'ennemi, en

immobilisant ses réserves sur le plateau, de tenter à son tour, sur un autre point du front, une offensive dans le style de Verdun.

Le 13 mai au soir, alors que les autres unités de la division prenaient la ligne, le 15-2 s'installait en réserve et en profondeur depuis les abords de Craonnelle jusqu'à Beaurieux (Aisne). Notre offensive marquait un temps d'arrêt. Elle devait reprendre à brève échéance sous forme d'attaques locales. De toute évidence, l'honneur de ces attaques serait réservé au 15-2. Et de fait, dès le 15 mai, les reconnaissances de secteur commencèrent. Elles se poursuivirent pendant huit jours. Tous les matins, le colonel Barrard, suivi du fidèle commandant du Bourg, quittait le camp du Moulin-Rouge et s'en allait, la canne à la main, le liseur sur l'épaule et la boîte à gaz en bataille, jusqu'aux tranchées de première ligne ou plus exactement jusqu'aux trous d'obus plus ou moins reliés qui constituaient la ligne. Le colonel Barrard, pendant les huit jours que dura la préparation de l'attaque, arpenta dans tous les sens la zone réservée à son régiment. Le huitième jour, il connaissait son secteur sur le bout du doigt. Cette étude détaillée des positions de départ, des voies d'accès, des objectifs à atteindre, cette connaissance minutieuse des plus petits détails du terrain, permirent au colonel Barrard de préparer, de diriger et de suivre l'attaque avec une merveilleuse aisance.

Le 22 mai, jour de l'attaque, tout le monde est en place, et le colonel sait exactement où et dans quelles conditions précises se trouvent toutes ses unités. Rien d'étonnant qu'il soit sûr de lui et qu'il attende les événements avec un calme absolu. Le régiment avait pour mission d'enlever le plateau des Casemates et le Talus organisé, de façon à atteindre et à occuper la crête militaire nord du plateau de Vauclerc.

L'attaque fut menée par le 1ᵉʳ et le 2ᵉ bataillon du 15-2. La mise en place des unités dans les tranchées de départ eut lieu dans la nuit du 21 au 22 mai. Ce ne fut pas sans peine d'ailleurs que chaque unité s'installa. La nuit était particulièrement noire, et la pluie continuelle avait rendu les boyaux presque impraticables. Toute la journée du 22, terrés dans leurs trous, blottis et camouflés sous leur toile de tente, les poilus du 15-2 restèrent immobiles. Les avions ennemis volaient à 100 mètres, à 50 mètres, cherchant ces assaillants qu'ils soupçonnaient; quelques imprudences, et c'était le tir d'anéantissement boche, la destruction certaine du régiment, sans tranchées, sans abris, sans profondeur... Magnifique discipline! pas un homme ne bougea.

Mais ceux qui restent se souviendront toujours de cette interminable journée où, trempés, boueux, la mort planant sans cesse sur leur tête, ils attendaient impatiemment l'heure H.

Ce fut à 16 h. 20 que le 2e bataillon (commandant Thiéry), qui attaquait à gauche, bondit sur le parapet et se rua sur ses objectifs. Cette « fuite en avant » fut si rapide que les Boches, surpris, ne déclenchèrent le barrage que lorsque les Casemates furent déjà franchies. Par contre, de petits groupes d'ennemis armés de mitrailleuses, de fusils, de grenades, et disséminés et cachés dans des trous d'obus, opposaient une résistance acharnée aux assaillants et leur causaient de lourdes pertes. Les compagnies de tête — la 6e (lieutenant Siguier) et la 7e (capitaine Jarcin) — ne s'arrêtèrent pas pour si peu. L'élan était pris. Ces deux magnifiques compagnies que, par de nombreuses manœuvres, le commandant Thiéry avait littéralement mécanisées, balayèrent au passage toutes les résistances, atteignirent d'un seul bond les objectifs et, non contentes de ce résultat, poussèrent des reconnaissances hardies sur les pentes nord du plateau. Malheureusement, la compagnie du 334e régiment d'infanterie, qui opérait en liaison avec le 2e bataillon et devait couvrir sa gauche, ne put accomplir sa mission et fut clouée sur place dès sa sortie des tranchées. C'est en voulant boucher l'énorme trou entre la compagnie du 334e et la 6e compagnie du 15-2, que le jeune et héroïque lieutenant Damade fut tué à la tête de son peloton. La mort de ce soldat-né, qui unissait à toutes les séductions de la jeunesse, toutes les grâces de l'intelligence, fut un véritable deuil pour le régiment.

Pendant que l'attaque de gauche prenait ainsi possession du plateau des Casemates, l'attaque de droite menée par le 1er bataillon (commandant Toussaint) enlevait brillamment le Talus organisé. Avec le même ensemble et le même entrain que leurs camarades de gauche, les hommes de la 3e compagnie (capitaine Flottes) se portent à l'assaut à 16 h. 23, franchissent le tir de barrage que le départ du 2e bataillon avait déclenché, atteignent le Talus organisé, puis la tranchée de Fribourg et s'installent immédiatement au sud de cette tranchée, que nos tirs ont complètement bouleversée.

L'ennemi, qui pouvait abriter ses réserves dans les nombreuses et immenses sapes qu'il avait aménagées dans la région, ne fut pas embarrassé pour contre-attaquer. Le soir même du 22 mai, à la faveur d'un très violent tir à obus asphyxiants, il lança contre nos nouvelles et fragiles positions une contre-attaque violente, qui aurait pu aboutir à un désastre si les poilus du 15-2

n'avaient pas eu la volonté bien arrêtée de tenir coûte que coûte,
et de se faire tuer sur place plutôt que de reculer d'un pouce.
L'énergique attitude du capitaine Jenoudet, l'autorité dont il fit
preuve, la confiance qu'il inspira à tous, permirent au 2e bataillon de conserver intacts ses gains de la journée. Les jours suivants, les contre-attaques recommencèrent. Mais toutes les dis-
positions avaient été prises dans l'intervalle pour les repousser.
Grâce à l'inlassable activité du colonel Barrard, grâce aussi au
dévouement des hommes du 3e bataillon, qui avait la charge périlleuse d'assurer le ravitaillement en vivres et en munitions, les
bataillons d'attaque ne manquèrent de rien et furent réapprovi-
sionnés largement en cartouches, en grenades, en sacs à terre.
Dès le 23 au matin, le colonel connaissait sa ligne. Il avait par-
couru d'un bout à l'autre la tranchée nouvelle, qu'il avait baptisée « tranchée de Gérardmer », associant ainsi dans la victoire
la petite ville vosgienne où le 15-2 tenait garnison avant la
guerre. Il avait vérifié les emplacements de mitrailleuses, des
fusils-mitrailleurs, arrêté les travaux de défense à effectuer, féli-
cité les braves qui s'étaient couverts la veille d'une impérissable
gloire. Au reste, il n'avait pas beaucoup de chemin à faire pour
visiter ses lignes. Le colonel Barrard avait établi son P. C. à
400 mètres à peine de la tranchée de départ. Ce P. C. portait
un nom délicieux. Je ne sais pour quelles raisons d'ailleurs on
lui avait donné un nom de femme. Par dérision sans doute.
O lamentable et insipide P. C. Roxane, aux cases étroites et
surchauffées; P. C. où s'entassaient pêle-mêle sur les marches
d'escaliers, fantassins, sapeurs, artilleurs; refuge de tous les
agents de liaison, des secrétaires, des téléphonistes; relais où
s'arrêtaient pour se reposer, reprendre haleine et se remettre
de leurs émotions, les coureurs et hommes de corvée; P. C. où
il fallait travailler, manger, dormir, au son des musiques les
plus variées : éclatements des gros obus qui s'écrasaient devant
les entrées, bruit strident du ventilateur, perpétuel grincement
de la T. S. F., ronflement sonore des hommes! O P. C. Roxane,
au nom prometteur et charmant, que d'imagination il aurait fallu
à ceux qui l'habitaient pour évoquer dans un tel vacarme et dans
une atmosphère aussi empestée l'image de quelque gracieuse
Orientale, ou seulement de la précieuse coquette de Cyrano! Que
nous étions loin de cet autel du commandement de Sailly! Au
P. C. Roxane, c'est le tumulte, le brouhaha. Le colonel Barrard
ne voit rien, n'entend rien. Tel Platon, il parvient à s'isoler dans
la multitude. Quand il a trop chaud, il demande qu'on fasse
marcher le ventilateur. Et le vacarme de grandir. Il travaille

sans arrêt, dicte des ordres à tout le monde, dicte en mangeant, dicte en dormant. Le commandant du Bourg, lui, regrette son trou d'obus de Sailly. Cela ne lui suffit pas d'accompagner tous les matins dans sa tournée le colonel Barrard et de faire cinq heures durant des plats ventres dans le boyau Stauffen ou la tranchée de Gérardmer. Le commandant du Bourg songe aux poilus qu'il a vus le matin en ligne, aux poilus qui vivent perpétuellement sous le bombardement. Il voudrait être comme eux. Ce P. C. Roxane où l'on meurt de chaleur et où l'on respire un air empoisonné, mais où l'on est tout de même à l'abri. ce P. C. Roxane, il le trouve trop confortable et le hait. Aussi passe-t-il son temps à faire les cent pas devant. Il va d'une entrée à l'autre, jouant comme à balle avec les obus qui consciencieusement, régulièrement, — les Boches connaissent la sape, — s'écrasent devant l'une et l'autre entrée. Et il soutient, car il ne veut pas avouer le vrai mobile de ses actions, qu'il fait meilleur vivre en plein air que dans un four. C'est une façon de nier le danger.

Le 31 mai, le régiment vient cantonner au camp de Baslieux-lès-Fismes. Il s'agit plutôt d'un bivouac que d'un cantonnement. Le repos à Baslieux ne durera que douze jours, et il faudra dormir dans la journée, car, toutes les nuits, les avions boches viennent jeter des bombes sur Baslieux, Fismes, Courlandon. Le ronflement des moteurs, l'écrasement des bombes, le crépitement des mitrailleuses et le bruit des canons contre avions font une musique telle que personne ne peut fermer l'œil.

Le 14 juin, le 15-2 remontait au Chemin-des-Dames. On lui avait laissé entendre que ce n'était pas pour attaquer, mais pour tenir le secteur d'Hurtebise, secteur relativement calme. Le 3ᵉ bataillon (commandant Lacroix) et le 43ᵉ B. C. P. devaient occuper le secteur. Au 43ᵉ B. C. P. était confiée la défense du Monument; au 3ᵉ bataillon du 15-2, la défense de la ferme d'Hurtebise. Le 17 juin, à la suite d'un violent tir de minens et de torpilles, les Boches réussissaient à enlever au 43ᵉ B. C. P. la position du Doigt. Cette attaque allemande réveilla l'activité des deux artilleries dans le secteur; elle eut pour autres conséquences de décider le commandement français à dégager coûte que coûte la région du Monument très menacée. Le Monument d'Hurtebise enlevé, c'était en effet l'obligation pour les Français d'évacuer la crête conquise au mois d'avril, et de se terrer sous l'œil de l'ennemi, dans les positions intenables de la vallée Foulon. Il fallait faire vite, décongestionner rapidement la région du Monument et, avant que l'ennemi ait le temps d'exploiter son succès, se donner sur le Plateau, en même temps que des vues sur l'Ailette, une profondeur de défense suffisante. L'attaque fut confiée au 3° bataillon.

Le 3° bataillon, qui tenait le secteur de droite, fut relevé dans la nuit du 18 au 19 par le 1er bataillon (commandant de Liniers) et se rendit au camp du Moulin-Rouge pour y attendre, dans de meilleures conditions, le fameux jour J. Le 3° bataillon ne s'était pas encore consolé de son insuccès de Cléry. A Sailly, il avait été disloqué, écartelé, mis à la disposition par petits paquets des deux autres bataillons du régiment. A Vauclerc, il avait été employé à de dures besognes, mais qui ne lui avaient rien rapporté. Avant l'attaque, il avait creusé de nuit les tranchées de départ; pendant l'attaque, il avait reçu sa part des tirs de barrage; après l'attaque, il avait fait dans des conditions particulièrement pénibles les corvées de ravitaillement. L'heure de la revanche avait sonné. Le 24 juin au soir, le 3° bataillon relevait, dans le secteur du Monument, le 43° B. C. P. et, le 25, en liaison avec un bataillon du 334° R. I., il exécutait, sous les ordres d'un chef qu'il adorait, le commandant Lacroix, une des plus fructueuses attaques du régiment.

Les témoins de cette brillante envolée voient encore, du haut de l'observatoire du P. C. Foulon, sortir de leurs tranchées, à l'heure même où notre artillerie donnait le signal de l'attaque, les braves poilus du commandant Lacroix. Ils les suivent encore au milieu d'un véritable nuage de fumée, dans leur course ardente vers la tranchée ennemie. Ils voient ces braves, qui fonçaient tête baissée, tomber les uns après les autres. Si calme quelques minutes avant l'attaque, la crête d'Hurtebise s'anime et semble en mouvement. Mais, bientôt, on ne voit plus rien que les fumées noires et blanches des percutants. Les poilus du 15-2 ont dépassé la crête. Le colonel, qui les suit passionnément à la jumelle, est fixé sur le résultat de l'attaque. Le résultat devait dépasser les espérances. Emportées par leur élan, les compagnies de tête, la 10° (capitaine Thomas) et la 11° (capitaine Cros), avaient atteint les entrées nord de la célèbre Grotte du Dragon, puis, décimées par le bombardement, s'étaient reformées à hauteur de la tranchée Fichou où elles devaient s'organiser sous un feu très violent d'artillerie. Absorbés par la lutte, les combattants se contentaient de surveiller les entrées de la Grotte. Ce sont des éléments du service de santé du bataillon qui paraissent y avoir pénétré les premiers. Quelle ne fut pas la surprise de l'aide-major Duchamp et de l'aumônier Py, un brave et simple capucin, de se trouver brusquement nez à nez dans un des antres de l'immense labyrinthe, avec 150 Boches, à qui la pru-

dence et la peur avaient déjà conseillé de mettre bas les armes!
La légende et l'histoire veulent que l'aumônier Py, le crucifix
en main, ait achevé de décider les Boches à se rendre, par une
petite harangue à laquelle probablement ils ne comprirent rien.
Les Boches sortirent. Et l'aide-major Duchamp qui avait l'âme
chevaleresque et qui se souvenait sans doute du fameux tableau
de la reddition de Huningue, leur fit présenter les armes par un
brancardier qu'il avait posté à l'entrée de la grotte et armé d'un
vieux fusil abandonné dans un trou d'obus. La joie de l'aide-
major et de l'aumônier était telle qu'ils tinrent à venir eux-mê-
mes conduire leurs prisonniers au colonel, et qu'ils n'hésitèrent
pas pour cela à s'imposer, à l'heure où l'artillerie ennemie cou-
vrait la vallée Foulon de ses feux, un long et périlleux voyage.
Le médecin Duchamp, un médecin qui enrageait de ne pas être
chef de section, la trique en main, ouvrait la marche. Et le
cortège était pittoresque au possible, de ces prisonniers hébétés
et penauds, encadrés par un moine persuasif et un médecin
conquérant. Une exploration plus complète, entreprise par les
compagnies Thomas et Cros, permit d'augmenter d'une bonne
centaine les 150 prisonniers capturés par l'aumônier Py.

La prise de la Grotte du Dragon fut célébrée dans tous les
journaux. La 164ᵉ division, qui se cherchait un nom de guerre,
se décida. Elle devint pour un temps la division du Dragon.
Le régiment hésita lui-même dans le choix d'un emblème, entre
le Dragon et le Diable. Le 15-2, en souvenir de l'Hartmannswillerkopf, garda le Diable. Il laissa le Dragon à la division.

Pendant les huit jours qui suivirent l'attaque, on vint visiter
la grotte de tous les coins du secteur; les services de l'arrière
donnèrent l'exemple. Il faut dire que la grotte valait le déran-
gement, et même les dangers qu'on courait pour s'y rendre.
Tout le monde emportait un petit souvenir. Et les souvenirs
ne manquaient pas. Cette grotte était une véritable caserne.
Elle comprenait un large couloir qui desservait de chaque côté
de nombreuses pièces aménagées par les Boches en dortoirs,
en dépôts de vivres, en dépôts de munitions, en salles d'opérations. Les Boches s'y trouvaient si tranquilles, si heureux,
que le moment venu d'en sortir, ils n'en eurent pas le courage
et préférèrent s'y laisser cueillir. Hélas! cette grotte fameuse,
le commandant du Bourg ne put la visiter. Le 25, deux heures
après l'attaque, alors que les premiers prisonniers arrivaient
au P. C. du colonel, il était sorti pour les photographier. Une
rafale brutale dispersa les prisonniers et ceux qui les contemplaient. Il y eut de nombreux blessés. Le commandant du

Bourg reçut un éclat d'obus dans le dos. On le transporta au poste de secours. Quand il revint au P. C. il était extrêmement pâle. Mais il souriait. Intérieurement il remerciait Dieu de lui avoir enfin accordé la grâce d'être blessé et de souffrir pour cette France qu'il adorait comme une maîtresse. Fort heureusement, la blessure du commandant du Bourg était de celles qui guérissent. Le 15-2 devait revoir quelques semaines après le héros dont il était si fier, et qu'il ne cessera d'honorer.

Le régiment n'allait pas tarder à recevoir la récompense de son double succès de Vauclerc et d'Hurtebise. Le 10 juillet 1917, alors qu'il prenait aux environs de Fère-en-Tardenois un repos bien gagné, il apprit la bonne nouvelle. Pour la quatrième fois, il était cité à l'ordre de l'armée. Citation passionnément désirée de tous, et qui devait mériter au régiment la fourragère aux couleurs de la médaille militaire. Ainsi, le 15-2, qui le premier de tous les régiments d'infanterie avait obtenu la fourragère verte, conservait son avance. Cette fourragère jaune, que les morts de la Somme et du Chemin des Dames lui avaient gagnée, le 15-2 eut l'honneur de la recevoir, quelques jours après, devant son drapeau et des mains de M. le Président de la République, au cours de la triomphale revue du 14 juillet.

Hélas! qui pouvait prévoir, alors que défilaient dans les rues de Paris, aux applaudissements d'une foule délirante, les glorieux héros des Casemates et du Dragon, que, dix jours après, la plupart d'entre eux et celui qui les commandait, le lieutenant Dubois, le brave des braves, dormiraient leur dernier sommeil sur ce même plateau de Vauclerc qu'ils avaient conquis deux mois auparavant? Quand la nouvelle de la reprise du plateau par les Boches se répandit, ce fut au régiment de la stupeur, puis de la rage. Ainsi, tant d'efforts, tant de sang versé n'avaient servi de rien. Ainsi, les morts du 15-2 qui étaient tombés aux Casemates avaient assisté au retour offensif de l'ennemi, et ne dormaient plus en terre française! Cette horrible vision de l'ennemi foulant aux pieds les tombes encore fraîches de ses martyrs, fit accepter au régiment avec une joie farouche le nouvel effort que le haut commandement lui demandait. La situation était très critique. D'aucuns la considéraient comme désespérée. De fait, les Boches avaient réussi à reprendre à nos successeurs tous nos gains du 22 mai, et, comme ils n'avaient plus en face d'eux que des troupes décimées et à bout de souffle, il y avait tout lieu de craindre qu'ils n'exploitent leur succès et que, après nous avoir délogés de la crête sud du plateau, ils ne nous précipitent dans les ravins.

Le 15-2 fit preuve, dans ces journées tragiques, du calme le plus complet. Ce n'est pas sans un serrement de cœur que le colonel Barrard qui rentrait de Paris, et venait de reformer son régiment, songeait aux nouvelles hécatombes que l'attaque désespérée qu'on lui demandait allait coûter. Il savait bien que cette attaque, qu'on ne lui laissait pas le temps de préparer, avait pour seul but d'intimider l'adversaire et de lui prouver qu'il y avait encore du monde devant lui. Il savait bien que le régiment ne devait attaquer que pour enlever à l'ennemi l'idée d'attaquer lui-même, et pour permettre aux renforts que l'armée avait demandés, d'arriver et de se préparer à riposter sérieusement. Le colonel Barrard avait vu juste.

Le 24 juillet, le 15-2 n'avait pas achevé sa mise en place, quand l'ordre vint d'attaquer. Fort heureusement, le régiment connaissait le terrain. Mais la préparation d'artillerie, pour faciliter la surprise, avait été à peu près nulle. Lorsque à 4 h. 15, le 2ᵉ bataillon se porta à l'assaut, les tirailleurs ennemis, que notre bombardement n'avait guère éprouvés, les reçurent à coups de grenades. Ce fut une mêlée sanglante, au cours de laquelle tous les officiers du bataillon furent tués ou blessés. Tant de sacrifices ne furent pas inutiles. Si le 2ᵉ bataillon n'atteignit pas tous ses objectifs, au moins eut-il la satisfaction, alors que toutes les autres unités n'avaient pu progresser, d'atteindre en deux points le fameux Talus organisé et de s'y maintenir malgré les contre-attaques de l'ennemi. Le but que se proposait le commandement était atteint. L'adversaire, surpris d'une réaction à laquelle il ne s'attendait pas, marqua un temps d'arrêt, le temps qu'il fallait au corps colonial pour arriver et rétablir l'équilibre rompu. Après cette troisième échauffourée, qui avait coûté à elle seule presque autant de pertes que les deux autres réunies, le régiment fut enlevé en camions et transporté sur les bords de la Marne, à Courthiézy, près de Dormans.

Le 15-2 avait perdu sur le Chemin-des-Dames, au cours des attaques du 22 mai, du 25 juin et du 24 juillet, plus de 40 officiers et près de 1.000 hommes. Par contre, près de 400 prisonniers étaient restés entre ses mains, et il avait capturé, en plus de nombreuses mitrailleuses et des approvisionnements en munitions et en matériel de la Grotte du Dragon, cinq canons de campagne (trois de 77 et deux de 88), et un canon de tranchées. Les poilus du 15-2 avaient le droit d'être fiers.

REIMS — VERDUN

(Août décembre 1917).

Le séjour à Courthiézy dura trois semaines. Trois semaines qui passèrent avec la rapidité de l'éclair, mais qui, à tous les points de vue, furent bien employées.

Le 18 août, le 15-2 prenait un secteur devant Reims et s'installait à cheval sur le canal de l'Aisne, depuis le village de Courcy qui, quelques mois auparavant, avait été le théâtre de sanglants combats, jusqu'à Bétheny. Ainsi, le 15-2 était appelé à son tour à monter la garde devant la cité illustre que les bombardements quotidiens achevaient de défigurer. Le 15-2 fut sensible à cet honneur et déploya dans le secteur de Courcy une activité inlassable. Les poilus en remuant la terre ne perdaient pas de vue la grande cathédrale qui, derrière eux, dressait tristement vers le ciel sa silhouette déchirée. Il n'est pas un Français qui n'ait eu, au cours de cette guerre, une grande pitié pour la cathédrale de Reims, splendide témoin de notre vieille histoire, devenue l'emblème de la France mutilée et que les barbares avaient rêvé d'anéantir. Le 15-2 une fois de plus comprit quel était son devoir. En ligne, il travailla avec un extraordinaire acharnement, multipliant les tranchées, les boyaux, les abris, les défenses de toutes sortes, transfigurant un secteur fragile en un secteur puissamment organisé. Au repos, il tint à rendre hommage à l'illustre vieillard qui n'avait pas voulu abandonner sa ville, et qui veillait comme on veille un agonisant, la grande martyre, sa « cathédrale ». Touché par tant de sympathie, le cardinal Luçon vint remercier dans leur cantonnement de Saint-Brice ses frères d'armes du 15-2. La petite église était trop étroite pour contenir la foule des poilus du régiment, les catholiques et les autres, qui étaient accourus pour entendre la parole ardente et patriotique du vénéré prélat et lui témoigner leur respectueuse admiration. Le cardinal Luçon fit la conquête du 15-2. Le soir même, à l'issue d'un dîner que le cardinal avait bien voulu honorer de sa présence, le colonel

Barrard le nommait aumônier honoraire du 15-2 et accrochait à sa soutane — ce fut une minute d'intraduisible émotion — la glorieuse fourragère du régiment. Le cardinal Luçon n'a pas oublié les poilus du 15-2. Et les poilus, pour qui il ne cesse d'avoir les plus généreuses et les plus délicates attentions, gardent au cardinal un souvenir fidèle et reconnaissant.

Après Reims, ce fut Verdun. Entre temps, à Fleury-la-Rivière, petit village champenois, perché sur un coteau délicieux, le 15-2 avait célébré la fête de la Fourragère. Cette fête qui avait tout d'une kermesse et qui permit au lieutenant Beau, l'officier pionnier du régiment, de donner une fois de plus la mesure de son goût, obtint un beau succès.

Ce n'est pas sans une certaine appréhension que le régiment se rapprocha de Verdun. Depuis bientôt deux ans, la bataille se poursuivait, âpre et terrible, sur les deux rives de la Meuse. L'immense brasier, allumé par les Boches au mois de février 1916, flambait toujours. Tantôt sur la rive droite, tantôt sur la rive gauche, tantôt sur les deux rives à la fois, l'incendie que l'on croyait éteint reprenait plus violent. Lorsque, au début de novembre 1917, le 15-2 fut appelé à occuper le secteur de Bezonvaux, la lutte était encore chaude et journalière sur la rive droite de la Meuse.

Le secteur de Bezonvaux offrait à l'ennemi l'occasion d'écraser, sans danger de riposte sérieuse, la garnison qui l'occupait. Dans ce secteur inorganisé, inorganisable, où les lignes consistaient en trous d'obus, où les hommes vivaient dans la boue liquide, à 50 mètres à peine d'une ennemi solidement retranché, dans ce secteur perché à gauche sur la crête d'Hassoule, encaissé à droite dans le fond de Bezonvaux, séparé de ses bases de ravitaillement par un formidable ravin qu'enfilaient les mitrailleuses et que le bombardement avait transformé en une succession d'immenses entonnoirs, dans ce secteur où il était impossible de jour de faire le moindre mouvement, et où à tout instant on était menacé d'être attaqué et culbuté dans le cloaque bourbeux du Fond des Rousses, le 15-2 fit preuve d'une endurance, d'une ténacité, d'un courage qu'il n'a pas dépassés dans ses plus belles heures. Mais ces qualités sont communes à tous les corps de troupe, et les Français de toute origine ont suffisamment prouvé au cours de la grande guerre qu'ils étaient capables des pires sacrifices et qu'il n'y avait rien de plus facile pour eux que de se faire tuer. Ce qui caractérise le 15-2 à Verdun, c'est la volonté bien arrêtée de faire comme si le danger n'existait pas, de nier la difficulté, de vaincre l'obstacle, et de travailler et de vivre comme dans un secteur ordinaire. Et de fait, grâce à l'impulsion énergique du colonel Barrard, le 15-2 a travaillé, le 15-2 a vécu dans l'enfer de Bezonvaux, comme il avait travaillé et vécu dans les secteurs les moins agités. D'autres auraient peut-être attendu patiemment la relève et préféré ne pas manger plutôt que de s'imposer un surcroît de fatigues. Le 15-2, lui, s'il pratique à un haut degré les vertus de résignation et d'endurance passives quand il le faut, pratique à un plus haut degré encore, et plus volontiers, la puissante vertu de l'action. Pendant plusieurs semaines, grâce, je le répète, au tempérament de son chef, à son esprit d'organisation, à sa volonté de fer, grâce au dévouement acharné de tous, le régiment a accompli à Bezonvaux une belle et rude tâche.

Si, de jour, tout le monde se terre, de nuit, par contre, l'immense ruche s'anime. Nul peintre ne pourra jamais rendre, ni écrivain décrire la vie prodigieuse, l'extraordinaire animation que prenait, à la tombée de la nuit, l'immense plateau qui conduisait au Fond des Rousses. Et pourtant la nuit est noire, si noire qu'on ne voit pas à deux pas devant soi. Et pourtant le bombardement fait rage et balaie méthodiquement le plateau. Echelonnés depuis la carrière d'Alsace jusqu'au P. C. d'Hassoule et de Bezonvaux, les pionniers travaillent sans arrêt à la création des pistes que doivent emprunter les relèves, les coureurs et les corvées de ravitaillement. Piste refaite sans cesse et sans cesse détruite à travers les entonnoirs jointifs. Ils travaillent également tous les soirs, sous une véritable grêle d'obus, à refaire l'unique et fragile passerelle qui traverse le ruisseau de Bezonvaux, et que le Boche détruit systématiquement tous les jours. Les corvées de ravitaillement se succèdent d'heure en heure sur le plateau, dans un ordre parfait. Le colonel Barrard en suit passionnément la marche. Il y a les corvées de vivres, qui montent la viande cuite, le vin, la pain, le café, l'alcool solidifié pour réchauffer les aliments. Il y a les corvées de munitions qui montent les cartouches, les grenades, les artifices éclairants. Il y a les corvées de matériel, qui portent des sacs à terre, des planches, des fils de fer. Et l'officier de quart, au fond de son gourbi, tandis qu'il entend s'écraser au-dessus de lui les gros percutants, songe avec anxiété et admiration à ces héroïques noctambules qui s'en vont sur les caillebotis glissants ou dans les trous d'obus remplis de vase porter à ces autres héros de la ligne un peu de bien-être et de réconfort. L'officier de quart a d'ailleurs un rôle passionnant, rôle qu'il remplit avec une ardeur fiévreuse. Il est chargé de distribuer aux agents de liaison, aux coureurs, aux guides des relèves, un peu de cet élixir mystérieux qui donne des jambes et du cœur : la « gnole », la gnole vulgaire que les poilus dédaignent au repos, mais qu'ils boivent, avec quel plaisir, dans leurs trous de boue glacée. L'officier de quart a la main lourde. Il verse de copieuses rasades à ces hommes couverts de boue et de sueur, qui viennent lui porter un pli ou lui demander leur chemin.

Tous les soirs, le colonel Barrard quitte son P. C. Condamné à l'immobilité pendant le jour, il se rattrape dans la nuit. Il s'en va vêtu d'une salopette et d'une blouse kaki, chaussé de grosses bottes, deux énormes bidons de gnole en bandoulière. Il s'en va, toujours suivi du commandant du Bourg, traverse le plateau, dévale à toute allure la pente qui mène au Fond des Rousses, se met consciencieusement en boule quand il est pris sous une rafale, s'arrête longuement à la passerelle pour donner des ordres aux équipes d'entretien, escalade prestement la crête d'Hassoule. Là, le colonel Barrard est à l'aise. Il vit. Il inspecte soigneusement sa ligne, fixe le travail de chacun, interroge les guetteurs, distribue la gnole qu'il a emportée aux plus méritants, et quand il a tout vu, tout examiné, tout réglé, il rentre à son P. C., confiant et tranquille. Le lendemain matin, le Boche attaque. Mais toutes les mesures ont été prises pour qu'il échoue. Et les poilus du 15-2, qui ont vu quelques heures avant leur colonel, lui prouvent par leur attitude qu'il ne s'est pas dérangé en vain.

Le 15-2 resta six semaines devant Verdun sans être relevé. Ce long séjour dans un secteur mouvementé, où il avait subi et repoussé de nombreuses et violentes attaques, souffert du froid et du manque de sommeil, travaillé avec un acharnement et une persévérance remarquables, l'avait épuisé. Verdun avait d'ailleurs coûté au 15-2, en tués, blessés, évacués pour pieds gelés, presque autant de pertes qu'une attaque de grand style.

Verdun avait privé le régiment d'un de ses meilleurs commandants de compagnie : le lieutenant Ballot, un jeune agrégé d'histoire, dont le calme, l'intelligence des choses de la guerre, l'incontestable autorité et le cran magnifique, étaient particulièrement appréciés de ses chefs. Homme d'un goût achevé, philosophe d'une haute valeur morale, le lieutenant Ballot avait donné un démenti de plus à la légende des intellectuels incapables. Verdun avait failli priver le régiment d'une autre de ses plus nobles figures, le sergent Koch. Ce jeune Alsacien, qui, au début de la guerre, avait passé la frontière pour s'engager dans les rangs du 15-2, et qui, après avoir été blessé et fait prisonnier à l'Hartmannswillerkopf en décembre 1915, avait réussi à s'évader d'Allemagne et remué ciel et terre à son retour pour être admis de nouveau à servir au 15-2, ce jeune et intrépide camarade fut si grièvement blessé à Verdun que le régiment crut le perdre.

LA SECONDE BATAILLE DE LA MARNE

DEVANT LA RUÉE BOCHE

Bois de Bonnes, Monthiers, Belleau, Torcy, Lucy-le-Bocage

(30 mai — 4 juin 1918.)

... A Belleau les heures sont graves.
Tout cède devant Attila.
Mais le vieux Quinze-Deux est là.
La vague meurt devant ses braves.

(Chant du régiment.)

Ce n'est que dans la deuxième quinzaine de décembre que le 15-2 quitta Verdun. Il devait embarquer pour la Lorraine après un court séjour à Louppy-le-Petit (Meuse). Le 15-2 avait espéré jusqu'au dernier moment qu'on lui réserverait quelque secteur de la Thur, et qu'il passerait le quatrième hiver de la guerre, comme les hivers précédents, au milieu de ses amis alsaciens. Il n'en fut rien. Ce fut dans la région de Lunéville que le 15-2 devait vivre pendant quatre mois dans l'attente de la grande offensive allemande.

L'année 1918 s'annonçait comme la dernière année de la guerre. L'inquiétude était grande chez les Alliés. Ils savaient qu'ils ne seraient pas en mesure de passer à l'offensive avant que l'armée américaine fût au point. Par contre, le Boche, qui avait hâte d'en finir, était bien décidé à profiter de la défection russe pour prendre, avant l'arrivée de l'armée Pershing, une vigoureuse offensive sur le front anglo-français. La question était de savoir sur quelle partie du front il déclencherait ses attaques massives. Les avis étaient partagés. La prudence conseillait en tout cas de redoubler partout de vigilance et d'activité. Le 15-2 aurait pu couler des jours heureux, dans le secteur relativement calme de la forêt de Parroy. Le 15-2 fit au contraire comme si ce secteur de Lorraine, négligé depuis le début des hostilités, et qui n'avait été le théâtre que de quelques coups de main sans importance, devait recevoir le terrible choc. Les organisations défensives, d'ailleurs assez précaires, étaient presque exclusivement limitées à la première ligne. Les abris, tout en superstructure, n'offraient aucune sécurité. Certes, les projets ne manquaient pas ni les plans. Mais la main d'œuvre avait toujours fait défaut dans ce secteur très étendu, et les troupes qui y séjournaient étaient à peine assez nombreuses pour garnir les tranchées et en assurer l'entretien. Le 15-2 devait en quelques mois, grâce à un labeur continu, changer du tout au tout la physionomie du terrain. Tandis que les bataillons en ligne, principalement le bataillon d'Emberménil, repoussaient de violents coups de main, exécutés à la faveur de barrages a obus à gaz (le Boche multipliait ses coups de sonde sur tous les points du front, aussi bien pour tâter l'adversaire que pour l'obliger à se tenir partout sur ses gardes), le bataillon de réserve s'attelait à une besogne écrasante et, en quelques semaines, transformait un simple tracé en une position de soutien solide, aux tranchées profondes, aux défenses minutieusement combinées, aux abris multiples relativement sûrs : la position 1 *bis*.

Ce n'est pas en Lorraine que les Boches déclenchèrent leur première et foudroyante offensive de 1918, mais tandis qu'ils réussissaient en direction d'Amiens à percer le front anglais et à couper l'armée britannique de l'armée française, ils se livraient sur tous les points du front à une activité inaccoutumée, dans le but évident de nous dérouter et de nous contraindre à éparpiller nos réserves. Plusieurs jours, ils bombardèrent le secteur de Lunéville avec violence, et usèrent très largement des obus à ypérite. Le 15-2 ne broncha pas. De pied ferme, il attendit l'attaque. Cette attaque n'eut pas lieu. Le sort du régiment était clair. L'ère des grandes batailles commençait. Puisqu'il ne se passait rien en Lorraine, le 15-2 n'y resterait pas.

Et de fait, quelques semaines plus tard, le régiment était relevé à Marainviller par le 171ᵉ régiment d'infanterie. Avant son départ, il avait exécuté en avant de Vého un très brillant coup de main. L'honneur de cette opération, vivement et habilement menée, revint à la 11ᵉ compagnie que commandait un des plus jeunes officiers du 15-2, mais un des plus braves, un brillant cavalier devenu fantassin fervent, le lieutenant Hervé de la Rochefordière. La 11ᵉ compagnie fit merveille. Le 15-2 était en forme. Il n'allait pas tarder à montrer qu'il était toujours égal à lui-même.

Quelques jours avant son départ de Marainviller, le 15-2 avait perdu le colonel Barrard. Celui-ci, nommé sous-chef d'état-major du général de Castelnau, avait brusquement quitté le régiment et cédé sa place au chef d'état-major de la 164e division, le lieutenant-colonel Meilhan.

Ainsi, le colonel Meilhan était appelé à prendre le commandement du 15-2 à l'heure où la bataille avait repris entre les Alliés et l'Allemagne, plus violente, plus âpre que jamais. Le colonel Meilhan mesurait d'avance la somme d'efforts qu'on allait demander en 1918 à son régiment. Il était sûr que tout le monde ferait son devoir. Mais il n'eût pas osé rêver, à ce moment, qu'il allait vivre un si splendide lendemain, conduire le 15-2 de succès en succès et avoir la joie immense et méritée de fêter avec lui la victoire. Le colonel Meilhan n'ignorait pas la popularité du colonel Barrard et les regrets qu'il avait laissés au régiment. Il ne tarda pas à prouver au 15-2 qu'une fois de plus on l'avait gâté, et qu'on avait mis à sa tête un chef digne de lui. Cet homme du monde, qu'on pouvait croire hautain et distant, fut, comme le colonel Barrard, l'ami du poilu, l'ardent défenseur de ses intérêts, le gardien jaloux de sa gloire. Dès les premiers jours, il se donna tout entier à son régiment. S'il eut quelques regrets à quitter le petit béret de chasseur dont il ne s'était pas séparé depuis le début de la guerre, ce fut avec une joie réelle qu'il arbora, dès sa prise de commandement, le képi or et rouge du fantassin. Les lignards du 15-2 lui surent gré de ce geste. L'élégance du colonel Meilhan fit école. Le 15-2, plus fier que jamais, plus pimpant, plus alerte, conserva en 1918, malgré les fatigues d'une vie errante et l'absence presque totale de repos, cette allure dégagée, cette irréprochable tenue, que les Parisiens avaient admirées le 14 juillet 1917.

Comme le 15-2 se préparait à quitter son cantonnement d'Haussonville en avril 1918, une terrible épidémie de grippe s'abattit sur la 164e division et l'immobilisa plusieurs semaines dans la région de Lunéville. Le 15-2, après avoir échappé longtemps à l'épidémie, fut frappé à son tour. Les hommes tombaient les uns après les autres, et chaque jour il fallait en évacuer un grand nombre. Mais le temps passait, et il n'était pas possible de laisser plus longtemps inoccupée une division d'élite et de choc. Il fallut partir. Le 15-2 embarqua à Bayon. Quand il arriva dans l'Oise, après deux journées de chemin de fer, il dut laisser sur place un nombre considérable de nouveaux

« dingués » (c'est ainsi qu'on appelait les fiévreux). L'état sanitaire du régiment était inquiétant. Pendant trois jours, le 15-2 dut effectuer par une chaleur accablante de longues et pénibles marches. A chaque étape, il laissait du monde. Serait-il engagé quand même? Il le fut, et pour cause!

Comme la plupart des divisions disponibles, la 164e avait été envoyée dans la Somme. Elle devait attendre à pied d'œuvre la nouvelle offensive allemande qui, après toutes les probabilités, — les Boches avaient admirablement caché leur jeu — devait avoir Amiens pour premier objectif, et pour but de rejeter les armées alliées à la mer. On sait ce qui se passa. Le 27 mai, comme le régiment stationné à Aumale se préparait à faire une quatrième et dernière étape, la nouvelle se répandit brusquement de la seconde et foudroyante avance boche dans l'Aisne, Les Allemands avaient attaqué par surprise sur le Chemin-des-Dames, bousculé en quelques heures les faibles garnisons qui occupaient le secteur, passé le canal de l'Aisne, traversé l'Aisne même par endroits, Et les communiqués qui annonçaient « un repli stratégique sur des positions solidement organisées » rendaient cette fois un son lugubre. Il n'en fallait pas douter, la 164e serait désignée pour barrer la route à l'envahisseur. Dès le 29, en effet, le 15-2 faisait demi-tour. Les trois bataillons et la C. H. R. embarquaient dans la nuit, à plusieurs heures d'intervalle, à destination du champ de bataille de l'Aisne, champ de bataille qui changeait à toute heure, l'ennemi ne rencontrant sur son chemin que des résistances de fortune.

Le 30 mai, à 11 heures, le 1er bataillon du 15-2 et l'état-major du régiment débarquaient à Neuilly-Saint-Front. Le train ne pouvait pas aller plus loin. Déjà, les employés avaient évacué la gare. Les Allemands avançaient toujours. Ils avaient franchi l'Aisne, franchi la Vesle, étaient rentrés dans Fismes et dans Soissons. Ils avaient dépassé Fère-en-Tardenois. Ils menaçaient Château-Thierry. La situation était critique, et pour beaucoup désespérée. Jetées successivement dans la mêlée, les divisions françaises étaient dévorées les unes après les autres. Quel allait être le sort de la 164e? Qu'allait devenir le 15-2? Neuilly-Saint-Front était sur le point d'être évacué. Les routes étaient encombrées de convois d'artillerie, de camions-autos, de blessés et de traînards qui refluaient vers l'arrière. Spectacle lamentable, spectacle navrant, qui tirait des yeux des larmes de colère. Etait-ce la débacle? Etait-ce la défaite? Les poilus du 15-2 ne disaient rien. Bientôt les ordres arrivèrent. Il n'y avait qu'un bataillon à pied d'œuvre. Tant pis. Le 15-2 ne se reformerait pas. Il serait engagé par bataillons successifs.

Dès le 30 au soir, le 1er bataillon (commadant Marnet) se porte en avant de Bonnes. Il a pour mission de défendre coûte que coûte le bois de Bonnes. Couvert seulement à sa droite par un peloton de l'escadron divisionnaire, il s'installe en position d'attente. Tout fait prévoir que le lendemain la lutte sera vive. Devant lui, le 1er bataillon n'a plus que des groupes d'hommes sans chefs, qui retraitent en désordre. Ces hommes, en traversant nos lignes, racontent ce qu'ils ont vu, ce qu'ils ont fait. Le Boche avance toujours. Il est impossible de l'arrêter. Le 1er bataillon rassuré par le calme et le sang-froid peu communs de son chef, le commandant Marnet, affecte de ne pas s'émouvoir. Le Boche peut venir, il sera bien reçu. Le 31 au petit jour, le Boche est là. Il attaque une première fois, puis une seconde, puis une troisième. Chaque fois, il subit de grosses pertes et n'obtient aucun résultat. Etonnés de cette résistance, les Allemands font donner leur artillerie. Celle-ci bombarde sans arrêt le bois de Bonnes. Les poilus du 15-2 sont bien en main. Ils tiennent bon. De violents assauts à la baïonnette sont repoussés par la 1re compagnie (lieutenant Guillaume), avec une vigueur qui déconcerte l'adversaire. Le moral des hommes est admirable. Tout le monde comprend la gravité du moment, et personne ne veut désespérer. C'est le 31 mai, devant Bonnes, qu'un jeune sous-lieutenant nouvellement nommé, le lieutenant Cochenet, se dresse au plus fort d'une attaque, au milieu de ses hommes, et pour les encourager chante à pleins poumons le refrain du chant du 15-2. Détail qui ne manque pas de piquant, le sous-lieutenant Cochenet chante horriblement faux. Il chante quand même, et ses hommes, ragaillardis, se battent comme des lions.

Même résistance acharnée, même imperturbable maîtrise de soi, sur le front du 2e bataillon. Ce bataillon, qui a débarqué le 30 au soir à Mareuil-sur-Ourcq, est en ligne le 31 au matin, à droite du bataillon Marnet. Divisé en deux groupements, l'un commandé par le commandant Thiéry, l'autre par le jeune et brillant capitaine Piard-Deshayes, il est, comme le 1er bataillon, attaqué violemment toute la journée du 31. Son front a plus de 4 kilomètres d'étendue. Le 2e bataillon, comme le 1er, fait preuve d'une énergie et d'un esprit de sacrifice peu ordinaires.

A Bonnes, où le colonel Meilhan a installé son P. C., les renseignements manquent. On ne sait pas exactement ce qui se passe à droite et à gauche. C'est la guerre de mouvement, il n'y a pas de réseau téléphonique. D'ailleurs, les services du régiment sont incomplets. Le gros des pionniers et des téléphonistes fait partie du 4e train, le train de la C. H. R., et on n'a aucune nouvelle de ce train. En fin de journée, le 15-2 est rattaché à la 43e division et le colonel Meilhan reçoit l'ordre de transporter son P. C. à Monthiers.

C'est à Monthiers, à la tombée de la nuit, que le 3e bataillon d'abord, puis la C. H. R., après une marche de plus de 40 kilomètres, retrouvèrent le régiment. Les hommes étaient exténués, couverts de poussière, ruisselants de sueur. Etait-il possible de leur demander un effort quelconque? Apparemment non. Et pourtant il le fallut bien. Ce sont ces mêmes hommes du 3e bataillon (commandant Jenoudet), qui devaient le lendemain et le surlendemain, devant Belleau, écrire avec leur sang une des plus glorieuses pages de l'histoire du 15-2.

Ce n'est pas sans une émotion poignante que les survivants se reportent aujourd'hui à ces journées tragiques où, dans un pays charmant et jusqu'alors épargné par la guerre, ils assistèrent à ce triste spectacle de vieux paysans fuyant leurs demeures, de villages, le matin intacts, qui le soir n'étaient plus qu'un amas de ruines, de troupeaux affolés errant sur les grand'routes. Le matin du 1er juin, lorsque le colonel Meilhan vint s'y installer, le coquet village de Belleau brillait au soleil printanier. Le soir, ce même village, où les Boches avaient pris pied, disparaissait dans la fumée de nos gros obus. Menacé d'être enveloppé à sa gauche, le 2e bataillon avait été obligé, dans la matinée du 1er juin, de lâcher le plateau de Monthiers et de se replier sur Torcy. Sa retraite avait entraîné le reflux du 3e bataillon en arrière de Belleau.

Pendant cette rude journée, le 15-2 avait cédé du terrain. Mais il s'agissait d'un très léger recul, et ce recul, le régiment l'avait effectué en combattant et dans un ordre parfait. Ce n'est pas même aux baïonnettes boches qu'il avait cédé, mais à la menace d'être tourné et pris à revers par un ennemi qui, manœuvrant à la perfection, cherchait à s'infiltrer aux ailes partout où la résistance faiblissait, où les liaisons manquaient.

Le 2 juin, au matin, les Boches, qui profitaient de la nuit pour se reposer et amener leur artillerie à pied d'œuvre, renouvelèrent leurs attaques devant le front des 2e et 3e bataillons.

Cette journée fut pour le régiment la plus dure de toutes. Le colonel Meilhan, à qui le général Michel, commandant la 43e division, avait confié le commandement d'un groupement qui comprenait le 15-2, le 158 et plusieurs bataillons de différentes unités, avait passé le commandement du régiment au commandant du Bourg. Le commandant du Bourg était à la fois ravi et mécontent : ravi parce qu'il sentait plus que quiconque l'honneur qui lui était fait, mécontent parce qu'ayant un commandement, et quel commandement, il ne pouvait plus se proposer, comme il avait coutume de le faire, pour toutes les missions où l'on court le risque d'être tué.

Pendant toute la journée du 2 juin, le 2e et le 3e bataillon ne cessèrent d'être attaqués. Les Boches, qui, depuis le 26 mai, avaient avancé avec une extrême facilité, et qui, depuis deux jours, se heurtaient au contraire à une résistance farouche, les Boches mirent en action, le 2 juin, en plus de leur grosse artillerie, des minenwerfers de très gros calibres. Les minens s'écrasaient devant Torcy, mais les hommes du 2e bataillon ne bronchaient pas. Chaque fois que les Boches essayaient de progresser, ils trouvaient en face d'eux les fusiliers-mitrailleurs décidés, qui leur barraient le chemin. Sur le front du 3e bataillon, la bataille fut plus âpre encore. Lorsque, le 2 au soir, le 2e bataillon, contraint de nouveau à lâcher pied, se replia dans la direction de Lucy-le-Bocage, et que le 158e dut céder dans le bois de Belleau à la pression des Allemands, le 3e bataillon, menacé d'être tourné à la fois à sa gauche et à sa droite, opposa à l'ennemi une résistance opiniâtre. Les 9e et 11e compagnies que commandaient deux officiers d'une rare bravoure, le capitaine Morel et le lieutenant de La Rochefordière, firent des prodiges et causèrent aux Allemands des pertes énormes. Mais tout l'honneur de cette journée revient aux héroïques mitrailleurs de la 3e C. M. (capitaine Mazuer), qui, chargés de protéger la retraite du bataillon, tirèrent jusqu'à la dernière cartouche, et furent tous tués sur place ou faits prisonniers. Le commandant Jenoudet, dont la fermeté et le sang-froid avaient une fois de plus fait l'admiration de tous, pouvait être fier de son bataillon.

Le 2 juin au soir, le 15-2 tout entier se reformait en arrière de Lucy-le-Bocage. Le colonel Meilhan, qui était resté à Lucy, n'était plus protégé que par un mince rideau d'Américains. Si les Boches profitaient de la nuit pour exploiter leur succès, qui sait si Lucy-le-Bocage à son tour ne serait pas pris. Le colonel Meilhan, dont l'attitude personnelle et le calme réfléchi devaient rendre confiance à tous, — il était déséquipé et avait conservé son calot sur la tête, — fit appeler à son P. C. le commandant du Bourg et les trois chefs de bataillon du régiment. Coûte que coûte, il fallait défendre Lucy-le-Bocage. Le colonel Meilhan ne voulait pas, personne au 15-2 ne voulait non plus envisager un nouveau repli. Jamais le vieux dilemme « vaincre ou mourir » ne s'était posé à des hommes d'armes de façon plus impérative et plus nette. Il était impossible que le 15-2 pérît. Il vaincrait donc. Le colonel Meilhan le savait. Ses soldats le voulaient. Tant de confiance, alliée à tant de volonté, explique aujourd'hui pourquoi Lucy-le-Bocage, resta entre nos mains.

Comme le colonel Meilhan préparait la défense du village, la sonnerie du téléphone retentit. Le colonel prit l'appareil. Un instant son visage s'assombrit.

— C'est entendu mon général. Nous ferons pour le mieux.

Le général Michel, commandant la division, venait de donner l'ordre au 15-2 de passer à la contre-attaque. Plus que quiconque le colonel Meilhan savait que son régiment était à bout de forces et que, si les hommes étaient décidés à se faire tuer sur place plutôt que de céder encore du terrain, les bataillons décimés, privés de la plupart de leurs cadres, n'étaient guère en mesure de mener un assaut. Le colonel Meilhan s'inclina. Il prépara avec un soin minutieux la contre-attaque qu'on lui demandait. Le lendemain 3 juin, le 15-2 dépassait la ligne des Américains et reprenait une grande partie du terrain perdu la veille.

L'œuvre du régiment était terminée. Jeté dans la bagarre par bataillons successifs, le 15-2, pendant les journées homériques du 31 mai, du 1er, du 2 et du 3 juin, avait subi le choc terrible d'un ennemi supérieur en nombre, que la victoire avait grisé. Cet ennemi, il l'avait obligé, dès le premier jour, à composer avec lui. Et de fait, dès le 31 mai, le Boche n'avance plus avec la même aisance. Il se heurte à des hommes qui sont décidés à se faire tuer et qui ne désespèrent pas d'arrêter sa course. Il subit des pertes considérables, laisse sur le terrain des monceaux de cadavres. A son tour, il est épuisé. L'inquiétude le gagne. Il s'arrête.

La conduite du 15-2 à Bonnes et à Belleau avait été magnifique. En trois jours, le régiment avait perdu près de 20 officiers et plus de 700 hommes. La récompense ne se fit pas attendre. Le général Michel obtint pour le 15-2, qui n'appartenait pourtant pas à sa division, mais dont il avait pu apprécier la valeur, une cinquième citation à l'ordre de l'armée.

LA SECONDE BATAILLE DE LA MARNE

LA CONTRE-OFFENSIVE

Saint-Gengoulph, la Grenouillère, le Bois du Châtelet

(8-25 juillet 1918.)

. . Du Clignon jusques à la Vesle
Et de l'Yser jusqu'à l'Escaut,
Pour eux chaque nouvel assaut
Est une victoire nouvelle.

(Chant du régiment.)

Certes, il y avait de quoi se réjouir. La France avait été à
deux doigts de sa perte. Une fois de plus, elle venait d'être
sauvée. Mais la situation restait inquiétante. Jamais, depuis le
mois d'août 1914, les Boches n'avaient menacé Paris d'aussi
près. Et quand on comparait le nouveau front au front de 1917,
on ne pouvait s'empêcher de trembler. De l'œuvre de la Marne,
de l'œuvre de la Somme, de l'œuvre du Chemin-des-Dames, il
ne restait plus rien. Les Boches ne s'étaient pas contentés de
reprendre le terrain que depuis quatre ans, au prix de quels
sacrifices! les armées alliées leur avaient arraché lambeau par
lambeau, ils avaient infligé à la célèbre théorie de l'inviolabilité
du front un cinglant démenti, et réalisé en quelques semaines
une avance de plus de 50 kilomètres.

Le 15-2, au retour de Belleau, songeait au passé, à Cléry,
à Sailly, à Vauclerc. Il songeait surtout à l'avenir. Les Boches
laissaient entendre qu'ils multiplieraient leurs attaques. Que
le désastre du Chemin-des-Dames se renouvelât, et c'était la
prise de Paris, la défaite complète, la paix honteuse, la dispa-
rition de la France. Et ces hommes, que la perspective de la
mort n'avait jamais effrayés, étaient épouvantés à la pensée que
la patrie pût mourir. Ce qui les préoccupait, ce n'étaient pas
les risques qu'ils allaient prochainement courir, mais les risques
mêmes de la France. Préoccupation généreuse, inquiétude fé-
conde, qui devait les décider à consentir joyeusement les nouveaux sacrifices qu'on allait être forcé de leur demander.

Ainsi le séjour à Méry, puis à Moitiébard, fut-il moins une période de détente qu'une période de méditation. Lorsque, le soir venu, du haut des terrasses de Moitiébard, les hommes regardaient la Marne, lorsqu'ils suivaient les harmonieux lacets de l'incomparable vallée, lorsqu'ils contemplaient les collines boisées qui s'étageaient à l'horizon et les jolis villages accrochés à leurs pentes, les hommes méditaient. Etait-ce pour les récompenser de leur héroïque résistance à Belleau qu'on les retenait sur les bords de la Marne? Non, certes. S'ils étaient là, c'était parce que, pour la seconde fois, la Marne était menacée, et que l'ennemi se préparait à marcher sur Paris. S'ils étaient là, c'était parce que l'on comptait sur eux pour interdire aux Boches le passage de la rivière et défendre ainsi la clef de la capitale. Tu n'étais pas seulement pour eux, ô Marne, le joyau qu'on admire. Tu étais en plus le trésor convoité par l'ennemi. Tes admirateurs étaient aussi tes gardiens. Que de gauches, mais de jolis serments d'amour, que de troubles, mais de puissantes protestations de fidélité tu dus entendre, tandis que grondait, proche et menaçante, la grosse voix des canons allemands!

Le 15-2 était en ligne devant Brumetz (Aisne) lorsque les Boches déclenchèrent leur troisième offensive. On se souvient de l'énergique résistance de l'armée Gouraud et du retentissant échec que les Allemands subirent devant Reims et devant Dormans.

Le 17 juillet, alors que le 15-2 s'apprêtait à être relevé, un contre-ordre brusque arriva. Le 15-2 resterait sur place. Pourquoi? On ne devait pas tarder à connaître les raisons de ce contretemps. Jamais offensive de grand style n'avait été tenue si secrète. Etait-elle décidée depuis longtemps? Etait-elle au contraire une riposte improvisée à l'offensive allemande du 15 juillet? Toujours est-il que, le 17 au matin, personne au 15-2 ne se doutait de rien, et que, le 18 à la première heure, le régiment prenait part à la victorieuse offensive des Xe et VIe armées, offensive qui devait, on le sait, rejeter les Allemands de l'autre côté de la Vesle, nous rendre l'initiative des opérations et marquer pour l'ennemi le commencement du déclin.

L'ordre du jour du maréchal Pétain disait en substance : « Les Boches ont réussi deux fois à percer notre front. Pourquoi ne réussirions-nous pas à notre tour à percer le leur? » — Oui, pourquoi? Cette question, les poilus du 15-2 se la posaient. Il n'y avait pas de raison pour que les Français, qui avaient égalé les Boches pendant la guerre de positions, leur fussent inférieurs dans la bataille de rupture. Persuadés qu'ils réussiraient, décidés à prendre sur l'ennemi une éclatante revanche, les poilus du 15-2 partirent à l'assaut le 18 juillet, avec une fougue endiablée. Les obus avaient beau pleuvoir, les balles de mitrailleuses siffler, les hommes avançaient quand même, et dans un ordre parfait escaladaient les pentes de Saint-Gengoulph. Le premier objectif fut rapidement atteint. Jamais le 15-2 n'avait effectué un pareil bond. En une heure il avait réalisé une progression de 3 kilomètres, tué ou fait· prisonniers tous les Boches qui résistaient, pris de nombreux canons de campagne. Le but était atteint. L'ennemi, frappé au défaut de la cuirasse, surpris, culbuté, avait été obligé de se replier. Le 3ᵉ bataillon, que ce succès inespéré avait grisé, aurait voulu, malgré ses pertes, continuer à talonner les Boches. Il reçut l'ordre de s'arrêter. Il fallait attendre, avant de reprendre la marche en avant, que l'artillerie se déplaçât, l'artillerie lourde surtout, et que tous les services de l'arrière fussent en mesure de fonctionner utilement. Ce n'est que le 20 juillet que l'offensive reprit.

Ce fut le tour du 2ᵉ bataillon. Les Boches avaient profité de ce répit pour organiser devant la Grenouillère une ligne de défense solide et hérissée de mitrailleuses. Cette ligne était tenue par des arrière-gardes qui avaient reçu l'ordre de tenir le plus longtemps possible et de se faire tuer sur place. Pendant ce temps, les Boches espéraient pouvoir se réorganiser, voir clair, choisir un terrain d'attente, surtout sauver leur matériel. Le 2ᵉ bataillon, dont le jeune capitaine Piard-Deshayes venait tout récemment de prendre le commandement, attaqua la Grenouillère le 20 juillet au point du jour. Il fut accueilli par une véritable grêle de balles. Les arrière-gardes allemandes exécutaient froidement leur consigne. Dès le départ, le 2ᵉ bataillon subit de terribles pertes. Mais il était entraîné par un jeune officier pour qui le danger n'existait pas. Le 2ᵉ bataillon suivit son chef. Les hommes voyaient d'ailleurs les mitrailleurs allemands qui leur tiraient dessus. Si plus tard ils devaient rendre hommage à ces braves qui se savaient sacrifiés, mais qui faisaient quand même leur devoir, les poilus du 2ᵉ bataillon n'avaient à ce moment qu'un but, venger les camarades et se débarrasser d'adversaires gênants. Le 2ᵉ bataillon s'empara de la Grenouillère et des mitrailleuses qui la défendaient. Le 20, au soir, le contact était perdu. Les Boches s'étaient repliés sans doute sur de nouvelles positions. Dès le 21, la poursuite reprit. Le régiment était en deuxième ligne. Ses trois bataillons marchaient l'un derrière l'autre en formation articulée. Cela rappelait les manœuvres du temps de paix. Jamais depuis la guerre, le 15-2 n'avait eu l'occasion de faire une telle marche d'approche. C'était bien la guerre de mouvement, et la guerre de mouvement offensive. Le moral du régiment, inutile de le dire, n'avait jamais été aussi élevé.

Le 22 au matin, le 1er bataillon (capitaine Blondel) prenait l'attaque à son compte. Il était chargé de dépasser le 133ᵉ régiment d'infanterie, qui avait été arrêté le 21, le long de la route de Soissons à Château-Thierry. Le Boche manœuvrait à merveille. Contraint par la foudroyante offensive du 18 juillet à battre en retraite, il essayait par des résistances intermédiaires où il employait peu d'hommes, mais d'énormes moyens de feux — artillerie et mitrailleuses — de gagner du temps pour évacuer son matériel, grouper ses réserves et s'organiser solidement de l'autre côté de la Vesle. Le temps pressait donc, et coûte que coûte il fallait progresser. Le 22 et le 23 juillet, le 1er bataillon fut aux prises avec les innombrables mitrailleuses dont les Boches avaient savamment garni les lisières du bois du Châtelet. L'artillerie était impuissante à les démolir toutes. Chaque fois qu'une vague sortait et s'approchait des lisières, elle était impitoyablement fauchée. Des compagnies entières disparaissaient, telle la 3ᵉ compagnie, toujours commandée par le capitaine Flottes, et qui devait laisser devant le bois du Châtelet plus de 60 cadavres! Mais le 1er bataillon voulait sa part de gloire. Ce ne fut pas la moins belle. Les hommes du 1er bataillon, grâce à leur ténacité, à leur mépris du danger, à la volonté d'aboutir, enlevèrent le bois du Châtelet.

Le 24 au soir, le 3ᵉ bataillon, avant-garde du régiment, occupait la lisière nord du bois de Beuvardelle. Les Boches s'étaient tout à fait ressaisis. Le rétrécissement de leur front leur permettait de faire sur les avant-gardes françaises de violentes concentrations d'artillerie. Déjà le 15-2 devant la Grenouillère, et surtout dans le bois du Roi, avait eu à souffrir du bombardement ennemi. Ce bombardement devait revêtir dans le bois de Beuvardelle le caractère d'un véritable tir d'écrasement. Pendant toute la nuit du 24 juillet et toute la journée du 25, les 77, les 105, les 150, arrosaient systématiquement la lisière nord du bois. A chaque rafale, c'étaient d'horribles cris, des plaintes lugubres, des appels déchirants. Les hommes n'avaient pas encore eu le temps de se creuser des trous. Ils étaient serrés les uns contre les autres, blottis derrière des troncs d'arbres, couchés le long d'étroits fossés. Le colonel Meilhan, qui avait installé son P. C. en première ligne, était au milieu d'eux, avec toute sa liaison et un peloton de l'escadron divisionnaire. Sans arrêt les obus tombaient. Ils décapitaient les arbres, éventraient les chevaux, projetaient contre les branches des morceaux sanglants de chair humaine. Le colonel Meilhan, assis au fond d'un petit trou creusé à la hâte, et recouvert d'une seule toile de tente, écrivait, dictait, au milieu des cadavres. Le commandant du Bourg, depuis Sailly, ne s'était pas trouvé à pareille fête. Pas de sape, pas même de trous d'obus, le maximum de danger. Il n'en demandait pas davantage.

Au fond, la guerre de mouvement était plus terrible, plus dure, encore que l'autre. A chaque bond, tout était à organiser. Plus on avançait, plus les ravitaillements avaient de difficultés pour suivre, plus les blessés avaient de chemin à faire pour arriver à l'ambulance. En ligne, les hommes vivaient dans de petits trous individuels, n'offrant aucune protection. Pourtant les bombardements auxquels ils étaient soumis égalaient en violence ceux qu'ils subissaient dans les tranchées profondes ou sous l'abri souterrain. Tous les obus portaient. Quant aux P. C., ils devaient renoncer aux confortables installations d'autrefois. Adieu les repas à heures fixes, les couchettes, la machine à écrire et le téléphone! A Beuvardelle, on mange quand on peut, il n'y a ni tables ni chaises : on mange pourtant. A Beuvardelle, on couche par terre, les uns sur les autres : on dort quand même. A Beuvardelle, on écrit les ordres au crayon, sur de petits chiffons de papier : les ordres arrivent. A Beuvardelle, on est obligé d'employer la T. S. F. : elle remplace avantageusement le téléphone. Quelques mois plus tôt, la chose aurait paru invraisemblable. Le 15-2, on le voit, s'est vite fait à la guerre de mouvement. Il semble même qu'il n'ait jamais fait que cela. En tout cas, il ne regrette pas toutes les commodités de la guerre de tranchées, dont il a été privé du jour au lendemain. Il est heureux de pouvoir s'en passer. N'étaient-elles pas, en effet, une preuve d'impuissance, et comme un aveu de faiblesse? Certes, la vie à Beuvardelle n'est pas commode, mais, entre cette vie et la vie de secteur, le 15-2 n'hésite pas. Beuvardelle n'est-il pas à plus de 20 kilomètres des tranchées de départ de Brumetz? Ne sommes-nous pas sûrs désormais de gagner la guerre? Qu'importe la souffrance! Qu'importe la mort même! L'horizon s'éclaircit. Les hommes voient poindre le salut. Beuvardelle est pour eux l'aurore de la victoire.

Le 25 au soir, le 13ᵉ groupe de B. C. P., relevait le 15-2 dans le bois de Beuvardelle.

Le régiment était épuisé. Il avait perdu plus du tiers de son effectif. C'est pendant cette période du 18 au 25 juillet que le commandant Jenoudet, qui servait au 15-2 depuis le début de la guerre, avait pris part d'abord comme lieutenant, puis comme capitaine, puis comme chef de bataillon, à toutes les opérations du régiment, gagné dix citations, fut atteint d'une terrible blessure qui l'empêcha de célébrer avec le régiment les fêtes de la victoire.

A la suite de ces dures journées, le 15-2 fut cité pour la sixième fois à l'ordre de l'armée. Il conservait toujours son avance sur tous les autres régiments métropolitains. Il avait obtenu le premier la fourragère verte et la fourragère jaune. Le premier encore, il obtenait la fourragère rouge.

Cette fourragère qu'il avait payée de son sang et à laquelle il tenait plus qu'à tout au monde, le 15-2 ne devait la recevoir solennellement qu'après l'armistice. Et de fait, depuis le 18 juillet jusqu'au 11 novembre, le régiment de connaîtra plus de repos. De temps en temps il ira passer quelques jours dans quelque village en ruine, comme Dammard. Jamais plus il ne sera retiré du front. L'heure est venue de mettre les bouchées doubles. Le maréchal Foch ne laissera plus de répit aux armées alliées. Il en laissera encore moins au Boche. Ainsi, il hâtera la victoire et le retour des poilus dans leurs foyers.

Certes, le 15-2 ne se battra pas tous les jours; il faudra bien qu'il souffle. Il soufflera en secteur. Tandis que l'armée Mangin attaquera le Chemin-des-Dames par l'ouest, une autre armée dont fait partie le 15-2 s'accrochera à la rive sud de la Vesle, immobilisera des divisions allemandes devant elle, surveillera les mouvements de ces divisions, se tiendra prête, le moment venu, à manœuvrer à son tour. Dans la région de Fismes d'abord, puis en avant de Mont-Notre-Dame, le 15-2 montera pendant six semaines une garde vigilante. Dans ces secteurs qui n'en sont pas, puisque tout est à organiser, tranchées, abris, boyaux, etc..., les hommes travailleront fermé, repousseront plusieurs coups de main, subiront de jour de terribles bombardements à ypérite, et de nuit des bombardements par avions, qui les empêcheront de dormir. Dans ces secteurs, le 15-2 ne connaîtra pas de détente. Et il sera considéré comme un régiment au repos, capable du jour au lendemain de participer à quelque nouvelle offensive.

LA CAMPAGNE DE BELGIQUE

Roulers, la Lys

(Octobre-novembre 1918.)

Les armées alliées attaquaient sur tous les fronts, et toujours avec le même succès. Les offensives franco-anglo-américaines se succédaient sans arrêt dans l'Aisne, dans l'Oise, dans la Somme, dans le Cambrésis, devant Saint-Mihiel et sur tout le front de Champagne. A son tour, la vaillante petite armée belge allait se réveiller dans les Flandres. Mais elle ne pouvait opérer seule. Quelques divisions françaises, dont la 164ᵉ, devaient lui être prêtées.

Relevé précipitamment de la région de Vauxtin, — l'ennemi avait été contraint de lâcher la rive nord de la Vesle et de se retrancher derrière le canal de l'Aisne, — le 15-2 s'embarquait à Château-Thierry, à la fin du mois de septembre, à destination de Calais.

Après trois jours de repos seulement à Gravelines, le régiment se rapprocha de Dunkerque d'abord, puis de la frontière belge, puis du front des Flandres. A tout prix, il fallait que les mouvements de troupes échappent à l'observation de l'ennemi. C'est pourquoi tous les déplacements se faisaient de nuit. Marches pénibles, difficiles, sur les grandes routes que les avions ennemis de bombardement survolaient et mitraillaient depuis la tombée de la nuit jusqu'au petit jour. Le 15-2 se rapprochait du front quand se déclencha, rapide et violente, la première offensive belge. Les Belges, qui attendaient fébrilement l'heure de la revanche, bousculèrent l'ennemi et le rejetèrent de l'autre côté de la crête des Flandres. Mais l'extension de leur front, les grosses pertes qu'ils avaient subies, devaient bientôt rendre nécessaire l'intervention des divisions alliées.

Quand le 15-2, qui suivait les Belges à distance, arriva à hauteur de la ligne de départ, il s'étonna qu'il y ait eu des chefs assez audacieux et des soldats assez braves, les uns pour commander, les autres pour exécuter, une attaque qui, à première

vue, semblait vouée à l'insuccès. Le terrain des Flandres à
Langemarck et à Poelcapelle offrait le même aspect bouleversé,
la même accumulation de ruines qu'à Verdun. Comme à Verdun, la végétation avait entièrement disparu, et de villages entiers, il ne restait plus que quelques débris de pierres épars
sur les lèvres de gros entonnoirs. Comme à Verdun, le champ
de bataille n'était qu'un immense ossuaire, un charnier lamentable et sanglant. Mais à quoi comparer la déso!ation des Flandres? Les nombreux bombardements qui avaient défiguré Verdun
n'avaient pu, malgré tout, supprimer le nivellement. Verdun
restait toujours un pays accidenté, pays de crêtes et de ravins,
pays aux horizons limités. A Langemarck, au contraire, c'est
la plaine, la plaine à perte de vue, sans le moindre mouvement
de terrain. Et c'est aussi, à perte de vue, l'uniforme chaos, le
chaos qui donne le spleen, inspire le dégoût et dont il semble
qu'on ne pourra jamais sortir. Les Belges avaient réussi à en
sortir; ils avaient enlevé la première position des Flandres, pro-
gressé de plusieurs kilomètres, et leurs avant-gardes, laissant
derrière elles les plaines bourbeuses de l'Yser, étaient aux portes de Roulers, face à d'autres plaines, riantes celles-là, vivan-
tes et qui reposaient la vue.

C'est en avant de Weestrosebeke, le 30 septembre, que le
15-2, chargé de prendre l'attaque à son compte, dépassa l'héroïque armée du général Jacques. Le 15-2 devait exécuter
devant Roulers ses deux dernières grandes attaques. Il fallait
coûte que coûte enlever Roulers. Si les avant-gardes belges
et françaises devant Weestrosebeke pouvaient se mouvoir sans
difficulté, par contre, l'artillerie, les voitures de ravitaillement,
les autos sanitaires étaient condamnées à la plus complète immobilité. Les routes qui conduisaient à Weestrosebeke étaient
peu nombreuses. Soumises pendant plusieurs années, et sur des
kilomètres de longueur, aux tirs de démolition les plus violents,
sur un terrain sans consistance, elles étaient à peu près impraticables aux voitures. Elles devaient rester plusieurs jours
embouteillées: le résultat fut que, pendant plusieurs jours,
les batteries d'artillerie furent sans munitions, et les fantassins
sans autre ravitaillement que celui que leur jetaient les avions.
Pendant plusieurs jours aussi, les postes de secours ne purent
évacuer leurs blessés. Tous les convois, toutes les voitures pié-
tinaient, sans espoir d'en sortir, le long des pistes étroites,
boueuses et chaotiques.

Dans la nuit du 30 septembre au 1er octobre, une terrible
catastrophe devait prouver au régiment que la mort n'avait pas

encore terminé son œuvre. Un obus perdu vint percuter sur une baraque en planches où s'étaient réfugiés, pour se mettre à l'abri de la pluie, le capitaine Piard-Deshayes, commandant le 2ᵉ bataillon, toute sa liaison et le gros de sa compagnie de mitrailleuses. Cette baraque en planches n'était autre qu'un dépôt de munitions que les Boches avaient dû abandonner. Une violente explosion se produisit. La baraque prit feu. Les malheureux qui l'habitaient ne purent se sauver. Ils étaient criblés d'éclats et furent brûlés vifs. Deux braves, le maréchal des logis éclaireur Barbazanges et le prêtre-soldat Chapelain, organisèrent les secours. Le premier réussit à retirer, tout sanglant, le capitaine Piard. Le second trouva dans l'accomplissement de son devoir de charité une mort digne de lui. Le capitaine Piard, qui avait à peine 25 ans et était sur le point d'être nommé chef de bataillon, mourut trois jours plus tard dans une ambulance de Dunkerque.

Le 2 octobre, le 3ᵉ bataillon (commandant Kuhnmunch) se porta à l'assaut de la chapelle de Gemeenhof. La préparation d'artillerie, et pour cause, avait été nulle. L'artillerie ennemie, par contre, dont le ravitaillement n'était pas gêné, était particulièrement active. Et les mitrailleuses étaient nombreuses, qui défendaient la deuxième position des Flandres. En fin de campagne, on le sait, les Boches en faisaient un usage de plus en plus grand. Il y en avait partout à Gemeenhof, dans les toits des maisons, dans le clocher de la chapelle, derrière toutes les haies. Les hommes du 3ᵉ bataillon avaient, ou à peu près, le ventre vide. Et les chars d'assaut qui devaient les aider étaient, eux aussi, bloqués sur les routes et dans l'impossibilité d'avancer. La bataille fut acharnée. Le 3ᵉ bataillon, toujours égal à lui-même, fit des efforts surhumains pour s'emparer de la chapelle de Gemeenhof. L'expérience était concluante, le Boche tenait; pour l'avoir, il fallait employer les grands moyens.

Une seconde attaque fut décidée pour le lendemain. L'artillerie avait reçu quelques munitions et les chars d'assaut s'étaient enfin frayé un passage. Le 15-2 attaqua le 3 octobre avec deux bataillons, le 2ᵉ et le 3ᵉ. Comme la veille, plus que la veille même, les Boches opposèrent une résistance farouche. Les troupes d'attaque furent obligés de traverser des tirs de barrage d'une extraordinaire violence. Les chars d'assaut ouvraient la marche. Ils devaient faire de l'excellente besogne et travailler en liaison parfaite avec les braves poilus du 15-2.

Le 15-2 devait coûte que coûte progresser dans la direction de Beveren, entre Hooglede et Roulers, étroit couloir énergiquement défendu. A gauche, le 2ᵉ bataillon (capitaine Lecomte) sort à l'heure « H », avec un ensemble et une fougue dignes des beaux jours de la Somme et du Chemin-des-Dames. Tous les officiers tombent les uns après les autres. Il ne reste bientôt plus que le capitaine Siguier. Mais l'élan est donné, et le capitaine Siguier, un vieux du bataillon, continue à entraîner les vagues d'assaut décimées. Le 2ᵉ bataillon, malgré les feux des mitrailleuses qui redoublent de violence, progresse toujours. Il réalise une avance de 1.500 mètres, puis s'organise solidement sur ses nouvelles positions au nord de Reygerie. A droite, le 3ᵉ bataillon se heurte à la même résistance. Ses compagnies de tête, la 10ᵉ et la 11ᵉ, sont commandées par deux tout jeunes officiers, adorés de leurs hommes, et en qui leurs chefs ont la plus entière confiance. L'un d'eux, le lieutenant Winckler, qui depuis trois ans est de toutes les fêtes du 15-2, tombe à la tête de sa compagnie. Deux balles le frappent en même temps, l'une à la tête, l'autre au cœur. L'autre, le lieutenant de La Rochefordière, qui dans ce récit n'a plus besoin d'être présenté, échappe par miracle à la mort. A la suite des combats pour Gemeenhof, le lieutenant de La Rochefordière, déjà chevalier de la Légion d'honneur, fut promu capitaine. Il avait 22 ans.

Le 3ᵉ bataillon avait réussi le 3 octobre à s'emparer de Gemeenhof et à s'organiser à hauteur de Reygerie.

A son tour, le 1ᵉʳ bataillon devait attaquer le 4 octobre. Très heureusement conduit par le capitaine Blondel, un des plus anciens officiers du régiment, et un des plus estimés, il réalisa, en direction de Beveren, malgré la résistance ennemie qui allait tous les jours croissant, une progression de plusieurs centaines de mètres. C'est au cours de cette action que le brave lieutenant Mouillon, un territorial qui avait toutes les vertus guerrières de la jeunesse, devait trouver une mort héroïque.

Au fond, le gain était mince. Mais le but était atteint. Les attaques du 15-2 étaient destinées à impressionner l'adversaire et à permettre au commandement de préparer une opération de plus grande envergure. Roulers tenait toujours. Mais il était visible pour tous que, lorsque les communications seraient rétablies et l'armée de Belgique en mesure de frapper un grand coup, la résistance tomberait. On avait demandé au 15-2 de se sacrifier en attendant. Le 15-2 une fois de plus avait accompli sa mission. Il avait capturé plusieurs mitrailleuses, fait une cinquantaine de prisonniers. Il avait laissé par contre sur le terrain un nombre considérable de cadavres.

Lorsqu'il fut relevé devant Roulers pour aller passer quelques jours sous la tente entre Weestrosebeke et Poelcapelle, le régiment eut l'impression qu'il n'aurait plus de repos jusqu'à la fin des opérations. Par contre, le 15-2 comprit également que, s'il n'était pas au bout de ses peines, il ne reverrait plus les carnages de Roulers. Certes, l'ennemi retraitait avec méthode. Mais on le sentait décidé à ne plus accepter la bataille. Certes, jusqu'au dernier jour, il ne se priverait pas de la féroce joie de tuer. Mais l'heure viendrait où fatigué, démoralisé, menacé à son tour de l'invasion, il lèverait les bras et demanderait grâce. Cette perspective de la paix remplissait les cœurs d'allégresse et décuplait les énergies. Pourtant, pour la première fois peut-être, les plus insensibles se laissaient aller à un sentiment de profonde mélancolie. Etait-il possible qu'à la veille de la victoire de pauvres victimes aient été encore immolées. O les derniers morts de la guerre! O les derniers martyrs du 15-2, comme vous hantiez alors nos imaginations tourmentées! Déjà nous entrevoyions les arcs de triomphe, les maisons parées d'oriflammes, la pluie de fleurs tombant des balcons sur notre passage. Déjà nous nous voyions défiler musique en tête, drapeau déployé, dans les villes redevenues libres, au milieu des acclamations de la foule. Déjà nous serrions en rêve dans nos bras, dans une étreinte passionnée, tous ceux et toutes celles que nous aimions, et qui nous aimaient, et que nous allions retrouver. Et nous pensions à vous, ô les héros de Gemeenhof, ô les héros de Reygerie, qui après avoir lutté, souffert, espéré, pendant plus de quatre années d'une guerre unique dans les annales du monde, ne recevriez pas la récompense de vos sacrifices et de vos efforts.

Le 14 octobre, l'armée de Belgique, à qui le général Degoutte, dans un ordre du jour mémorable, avait donné Gand pour objectif, s'emparait de haute lutte de la deuxième position des Flandres. Le 15-2, qui suivait l'attaque, n'allait pas tarder à rentrer en scène. Le 17 octobre au matin, il relevait à Meulebeeke, à quelques kilomètres de la Lys, le 3e régiment belge de carabiniers. Le 17 au soir, le 1er bataillon (commandant de Liniers) enlevait brillamment le moulin de Paanders, tenu par des arrière-gardes sacrifiées armées de nombreuses mitrailleuses, et qui tinrent jusqu'au bout, pour permettre à l'artillerie et au gros de l'infanterie ennemie de repasser la Lys. Le 18 au soir, le 1er bataillon entrait dans Wacken, petite ville flamande située sur les bords de la Lys.

Depuis le 14 octobre, le 15-2 avait pour chef provisoire le chef de bataillon Michelin, du 43ᵉ bataillon de chasseurs, le colonel Meilhan ayant été brusquement rappelé chez lui après les affaires de Roulers pour un deuil de famille. Le commandant Michelin était déjà très estimé au 15-2, qui l'avait vu à l'œuvre. Le séjour qu'il devait y faire comme chef de corps transforma cette estime en une admirable affection. Pendant huit jours, le commandant Michelin ne cessa de chanter. Il chantait le jour, il chantait la nuit. A table il chantait encore. C'est tout juste s'il ne chantait pas au téléphone, quand il attendait la communication. Le commandant Michelin ne variait pas les airs. A vrai dire, il ne connaissait de sa chanson que le refrain : *Boulangère, faut pas s'en faire.* Le commandant Michelin ne s'en faisait pas. Personne autour de lui, et grâce à lui, ne s'en faisait. Et tout marchait à merveille.

La situation n'était pourtant pas toujours gaie. A Meulebecke comme à Wacken, les obus pleuvaient. Et les 210 alternaient avec les 77. Et puis il y avait la Lys, le terrible obstacle de la Lys. Le 14 octobre, c'était l'objectif définitif. Le 18, alors que le 1ᵉʳ bataillon en occupait la rive gauche, la Lys n'intéressait plus le commandement. La 164ᵉ division avait un autre objectif : l'Escaut. Et après l'Escaut, il y avait la Dendre. Et après la Dendre, la Seine, et après la Seine... on ne savait pas. Il y avait tout de même de quoi s'en faire!

Il faut avouer d'ailleurs que la population civile ne se frappait pas davantage. Le 15-2 avait déjà constaté à Meulebecke que le courage des civils belges était à la hauteur de celui de leurs soldats. Etait-ce l'insousciance du danger, l'ivresse de la délivrance, l'attachement au foyer ou plus simplement la bravoure naturelle? Toujours est-il que tous, les hommes et les femmes, les vieillards et les enfants, restaient chez eux, circulaient même, malgré le bombardement, sans émotion apparente. Bien mieux, lorsqu'un obus venait à tomber devant une maison, on voyait une femme sortir, le balai à la main, et, le plus naturellement du monde, enlever les morceaux de tuiles et les éclats de vitres que l'obus avait projetés dans la rue. A Wacken, les civils avaient fait mieux encore. Ils s'étaient rassemblés sur la place de l'Eglise dès le départ des Boches, pour acclamer les vainqueurs. Ce fut aux accents de la *Marseillaise*, jouée par une musique improvisée, que le commandant Michelin fit son entrée dans Wacken à la tête du 1ᵉʳ bataillon.

Le 1ᵉʳ bataillon vécut à Wacken des jours difficiles. Les Boches s'étaient solidement retranchés sur la rive droite de la Lys et ils étaient bien décidés à empêcher les Français de franchir la rivière. Le 15-2, qui avait reçu l'ordre d'établir, dès son arrivée, une tête de pont de l'autre côté de la Lys, devait se heurter à de nombreuses difficultés. Il s'agissait d'abord de construire, à la faveur de la nuit, des passerelles de franchissement. Travail peu aisé, on en conviendra, qui s'exécutait à proximité d'un ennemi dont on ne pouvait pas tromper la vigilance, et qui dirigeait sur les travailleurs les tirs de son artillerie et les feux de ses mitrailleuses. La passerelle terminée, il fallait établir des éléments de surveillance de l'autre côté de la rivière. Ce sont des hommes de la 1ʳᵉ compagnie (capitaine Guillaume) qui les premiers franchirent la Lys sur la passerelle de fortune établie au péril de leur vie par les vaillants pionniers du régiment. Les Boches s'étaient organisés devant Wacken, dans une boucle de la rivière, la boucle de Zulte. Comme il n'était pas possible de les en déloger de ce côté, il fut décidé qu'on attaquerait la boucle par le sud. Le 15-2 quitta Wacken et, quelques jours plus tard, après avoir franchi la ligne au sud de Vive-Saint-Eloi où, par suite du repli de l'ennemi, on avait pu aménager plusieurs passerelles et des ponts de bateaux, il prenait part à une attaque d'ensemble insuffisamment préparée par l'artillerie, et qui fut un demi-succès.

Cette attaque, la dernière que devait faire le régiment, fut menée par le 1ᵉʳ bataillon (commandant de Liniers) et le 2ᵉ bataillon. Elle devait coûter la vie au commandant du 2ᵉ bataillon, l'héroïque capitaine Belin, jeune officier dont la carrière, comme celle du capitaine Piard, s'annonçait brillante, et qui laissa au régiment d'unanimes regrets.

Quelques jours plus tard, le 25 octobre, alors que le 15-2 était en réserve, un obus perdu frappait à mort le capitaine Bernard, commandant la 2ᵉ compagnie. C'était le dernier officier du régiment qui devait être tué pendant la guerre.

Les hommes du 15-2 ne tenaient plus debout. Depuis un mois, ils ne cessaient de marcher ou d'attaquer. Le régiment, dont les vides n'avaient pas été comblés après Roulers, avait perdu presque la moitié de son effectif. Il était temps qu'on l'envoyât prendre un peu de repos.

L'ARMISTICE

Ninove, Bruxelles

(Novembre 1918.)

———

Comme le 15-2 goûtait aux environs d'Ingelmunster les délices de la détente si longtemps attendue, une nouvelle se répandit brusquement, nouvelle qui ne surprit personne d'ailleurs, mais obtint un énorme succès. Les Boches demandaient officiellement un armistice et s'offraient à venir chercher nos conditions. Les cœurs battaient. Quelles seraient ces conditions, et, si elles étaient ce qu'elles devaient être, les Boches les accepteraient-ils? Quand on les connut, tout le monde s'accordait à les trouver justes et méritées.

Mais il y avait les optimistes, ceux qui disaient : ils accepteront, et il y avait les pessimistes, ceux qui disaient : ils lutteront jusqu'au dernier homme. Les pessimistes se trompaient. Les Boches étaient à la veille d'une catastrophe. Le général de Castelnau s'apprêtait en Lorraine à changer leur retraite en désastre. Les Boches le savaient. Ils acceptèrent.

Ils n'avaient pas encore répondu quand l'ordre parvint au 15-2 de remonter en ligne. L'armée de Belgique tenait la rive gauche de l'Escaut. Le 15-2 avait pour mission de relever le 23e régiment d'infanterie sur cette rive, et de passer l'Escaut « de vive force ». Le 15-2 se souvenait de la tête de pont de la Lys et des difficultés qu'il avait eues pour l'établissement. Et il n'était pas sans savoir que l'Escaut était deux fois plus large que la Lys.

Le 8 novembre au soir, le 15-2 quitta Ingelmunster. Il n'y avait plus de pessimistes ni d'optimistes. Les hommes n'écoutaient pas les Américains, qui commençaient déjà à fêter l'armistice et disaient à qui voulait les entendre, que la guerre était finie. Les hommes n'écoutaient pas non plus l'autre voix, qui insinuait : « Tu n'es pas au bout de tes peines, la guerre ne finira pas. » Ils marchaient dans la nuit et se refusaient à penser. Quant au colonel Meilhan, s'il pensait, ce n'était certes point à l'armistice, mais à la façon dont le 15-2 pourrait « de vive-force », comme disait l'ordre, franchir l'Escaut.

Quand le régiment, le 9 au soir, atteignit la rive droite du fleuve, les Boches avaient évacué la rive gauche. L'Escaut, on le conçoit, fut rapidement et facilement franchi.

Le 10 au soir, le 15-2 relevait à plus de 10 kilomètres en avant du fleuve le 23e régiment d'infanterie.

Le 11 au matin, il allait attaquer quand l'ordre lui arriva de ne pas bouger. Le 15-2 crut comprendre. Peu de temps après, il recevait un autre ordre plus clair encore. Le régiment ne devait progresser que s'il n'y avait personne devant lui, et, de toute façon et où qu'il se trouve, il devait s'arrêter à 11 heures précises; le 15-2 avait compris.

Il doutait encore. Mais les radiotélégraphistes étaient aux écoutes. Ils attendaient fébrilement le communiqué de la Tour. La Tour Eiffel ne devait pas tarder à leur apprendre la bonne nouvelle. Ils vinrent en courant la porter au colonel. L'armistice était signé.

Ce fut d'abord de la stupeur. Les hommes se regardaient sans mot dire. Ils avaient l'air de sortir d'un rêve, et j'en ai vu qui instinctivement se frottaient les yeux comme pour mieux voir. On prétend que, lorsque la nouvelle leur fut annoncée, les Parisiens s'embrassèrent dans les rues. Au 15-2, il n'y eut pas d'embrassades, pas de cris, pas de manifestations. Ce n'est que le lendemain, et même plusieurs jours après, que les poilus mesurèrent la portée de l'événement et l'étendue de leur bonheur. Au fond le 15-2 ne crut à l'armistice que lorsqu'il fut témoin de l'enthousiasme populaire.

Quand il arriva le 17 novembre à Ninove, et qu'il fut acclamé par une population frémissante, quand il entendit les Belges chanter la *Marseillaise* et la *Brabançonne* et crier leur joie, la contagion le gagna. A son tour, il mena la danse. Ce furent pendant cinq jours d'indescriptibles fêtes et des réjouissances interminables. Les poilus du 15-2 se redressaient. Ils avaient conscience de ce qu'ils avaient fait, conscience de ce qu'ils étaient. A leur arrivée à Ninove, ils étaient beaux sans doute, mais ils étaient sales. Le lendemain ils reluisaient. Tous s'étaient plus moins improvisés tailleurs. Ils avaient retouché leurs pantalons, ajouté des poches à leurs vestes, orné leurs cols d'écussons éclatants. Ils voulaient faire honneur à l'armée française, faire honneur surtout à leur cher 15-2.

Après Ninove, ce fut Bruxelles. Le 22 novembre, jour où le roi Albert faisait sa rentrée solennelle dans sa capitale, le colonel Meilhan défilait en tête du drapeau et d'une délégation du régiment commandée par le capitaine Morel dans les rues de Bruxelles. Couverts de fleurs, assourdis par les bravos, les poilus du 15-2 marchaient comme dans une apothéose. C'était bien la victoire qu'ils avaient rêvée. Le 22 dans la soirée et toute la journée du 23, le régiment vécut à Bruxelles des heures inoubliables. Les Bruxellois firent aux braves du 15-2 un accueil dont ceux-ci se souviendront toute leur vie.

Tant de gloire, tant de marques d'estime et de respect, tant de protestations de reconnaissance et d'amour, n'étaient que la juste récompense de tant d'héroïsme et de tant d'efforts.

Ainsi, le 15-2, qui avait fait ses débuts en Alsace, terminait la guerre à l'autre extrémité du front. Entre temps, il s'était battu dans la Somme, sur le Chemin-des-Dames, devant Verdun, aux portes de Château-Thierry, partout, avec la même vigueur et le même mépris de la mort. Jusqu'au dernier jour, le 15-2 était resté le régiment du Diable. Il n'avait jamais eu la moindre défaillance.

Il est impossible de citer tous les noms des braves qui, au cours de ces longues années de guerre, ont contribué à faire du 15-2 le premier régiment de France. Ils sont trop nombreux. Toutefois, certaines figures ayant été évoquées au cours de ce récit, et un peu au hasard, il est juste de rappeler que beaucoup de figures encore auraient pu l'être, aussi nobles, aussi héroïques que les autres. Citerons-nous, parmi les vivants, les noms du brave capitaine Berret, sergent-major à la mobilisation, et qu'on voit partout depuis 1916, à Cléry, à Sailly, à Vauclerc, à Bonnes, au bois du Châtelet, à la tête de mitrailleurs d'élite qu'il a merveilleusement dressés et dont il a un légitime orgueil; des capitaines Boucher, Mathieu. Doucet, de Liocourt, Martin; des lieutenants Ville, Bouvet, Levillain, Zeller, Jouanny, Bruel, Antraygues, Lucas, Merck, Eponville, Rey, Walter, Fonterne, Vauthier, Charles, Chazel, Luc, Chapelot, Bacchetti, Carbillet, Henriot, Gagne, Tinchant: des adjudants Drollat, Beyne, Royer, Marceau; du sergent Lacroix; du caporal Poncet; des soldats Welche, Viry, Delon. Citerons-nous parmi les morts les capitaines Jacquet, Faure, Marquet; les lieutenants Paoli, Vias, Queminet, Cazalet, Debrousse, Pécard, Morazzani, Seigneret, Fougerolles, Freytag, Lemoine, Bernard, Guyot, Richard, Allaix, Moliner, Pleutret, Millet, Pelago, Picolet, Perrot, Vallée, Dian, Dupont, Caudal, Guerlain; l'aide-major Funck-Brentano; les sergents Cartiault, Degrave; le sergent Boucher, frère du capitaine et fils du sénateur des Vosges, tombé héroïquement à Steinbach; le soldat Gateau. Il faudrait des pages et des pages pour dresser la liste complète de tous les grands soldats du 15-2. Les vivants ont pour eux la satisfaction du devoir accompli; l'immense joie de la victoire, leur glorieuse fourragère; les morts, la gloire de leur sacrifice, la reconnaissance éternelle de la patrie sauvée et le souvenir ému de tous ceux qui les ont connus, admirés et aimés.

N'oublions pas non plus tous ceux à qui leur emploi interdisait les actions d'éclat et qui, pendant de longues années sans interruption, ont partagé les épreuves et très souvent les dangers de leurs camarades de la ligne : le médecin-chef Chagnaud, dont la haute conscience professionnelle, l'indomptable énergie, le sang-froid superbe, l'absolu mépris du danger et de la mort, ne sauraient être assez admirés; le capitaine Charton, l'adjoint au chef de corps, qui accomplissait les missions les plus périlleuses avec le sourire aux lèvres; l'aide-major Descottes, qui a fait tout la campagne au 15-2 comme médecin de bataillon, et dont neuf citations consacrent le dévouement, la fidélité et le courage; le lieutenant Faigle, le lieutenant Hernette, le lieutenant Desnoyers, le chef de musique Haquin; l'adjudant téléphoniste Petitnicolas, dont l'admirable conduite à Sailly fut récompensée par une citation magnifique; l'adjudant éclaireur Jeannaux; l'adjudant-artificier Hutinet; admirables types du devoir, de la conscience et du dévouement.

Pous tous, chefs des services du corps ou hommes de confiance des besognes plus modestes, la tâche fut dure et, pour être moins brillante, aussi périlleuse, Leur dévouement de tous les instants, le haut sentiment qu'ils ont eu de leur responsabilité, leur amour-propre professionnel poussé au plus haut degré, leur courage, le courage si pénible de ceux qui reçoivent et qui ne peuvent pas rendre, leur donnent le droit de prendre place auprès des héros de la tranchée.

L'histoire du 15-2, on l'a vu, n'est qu'une suite ininterrompue d'actions éclatantes et heureuses. La Fortune, qu'on dit aveugle, se laisse parfois violenter. On aurait tort, en effet, d'attribuer à la chance les succès répétés du 15-2. Ces succès, le régiment les doit à l'éminente sagesse de ses chefs, à leur haute valeur professionnelle et morale. Il les doit aussi à son esprit de corps, à cette flamme mystérieuse et pure qu'il entretient jalousement en lui et qui, si souvent dans la guerre, est passée dans l'âme des nouveaux venus. Il les doit encore à ses magnifiques soldats, venus de tous les coins de la France, de tous les régiments et qui, animés par le souffle puissant de la tradition, ont jalousement entretenu le culte de leur drapeau. Il les doit enfin à ses morts, aux cinq mille morts qu'il a semés sur tous les champs de bataille, depuis l'Alsace jusqu'aux Flandres.

Ce n'est pas en effet dans un livre, si complet qu'il soit, qu'il faut lire l'histoire du 15-2. Pour la suivre, pour la comprendre, il faut l'avoir vécue et revoir en souvenir les champs de bataille. Il faut compter les tombes, évoquer les figures disparues. Il faut se recueillir, fermer les yeux et écouter parler les morts.

Les survivants ont compris leurs devoirs. Ils ont senti, dès le lendemain de l'armistice, que tant de gloire, tant de sacrifices, devaient être sauvés de l'oubli et de l'indifférence; que tant de braves compagnons d'armes ne pouvaient redevenir des étrangers. L'heure venue de se séparer, ils ont juré de se retrouver. Le vieux 15-2 de la guerre ne veut pas mourir!

APPENDICE I

TEXTE DES CITATIONS OBTENUES PAR LE 15-2
AU COURS DE LA CAMPAGNE

ORDRE GÉNÉRAL N° 13

Le général commandant le groupement des Vosges porte à la connaissance des troupes sous ses ordres la belle conduite du 152e régiment d'infanterie dans les journées du 20 au 25 septembre 1914 :

Chargés, le 20 septembre, d'occuper le Spitzenberg, dont la possession avait pour l'ennemi une importance capitale, les 1er et 3e bataillons du 152e régiment d'infanterie, secondés par une compagnie du 5e chasseurs, ont enlevé ce piton rocheux par une série d'attaques à la baïonnette, exécutées sous bois avec la plus grande vigueur, faisant subir à l'ennemi de grandes pertes en tués, blessés et prisonniers et lui prenant des mitrailleuses. Tout le 152e a fait preuve les jours suivants d'un courage et d'une ténacité dignes des plus grands éloges en se maintenant et se fortifiant sur la position conquise, malgré un bombardement des plus violents de l'artillerie lourde ennemie, et en repoussant victorieusement toutes les contre-attaques.

Signé : Putz.

ORDRE GÉNÉRAL N° 4

Est cité à l'ordre de l'armée, le 152e régiment d'infanterie :

A, sous les ordres du chef de bataillon Jacquemot, fait preuve d'une vaillance et d'une endurance au-dessus de tout éloge en conquérant le village de Steinbach après huit jours de luttes héroïques de jour et de nuit, s'emparant une par une des maisons fortifiées, répétant les assauts au milieu des incendies, se maintenant sous un feu des plus violents dans les tranchées remplies d'eau glacée, infligeant à l'ennemi de lourdes pertes et lui enlevant une mitrailleuse et de nombreux prisonniers.

Signé : Putz.

ORDRE GÉNÉRAL N° 26

Est cité à l'ordre de l'armée, le 152ᵉ régiment d'infanterie :

Commandé par le lieutenant-colonel Jacquemot, a, avec les 7ᵉ, 13ᵉ, 27ᵉ et 53ᵉ bataillons de chasseurs, rivalisé d'énergie et de courage sous la direction du lieutenant-colonel Tabouis, pour se rendre maître, après plusieurs semaines de lutte pied à pied et une série d'assauts à la baïonnette, de tous les retranchements accumulés par l'ennemi sur la position de l'Hartmannswillerkopf.

Signé : PUTZ.

Attribution de la fourragère aux couleurs

de la croix de guerre

par ordre général n° 1-F du G. Q. G. du 15 juin 1916.

ORDRE GÉNÉRAL N° 425

Est cité à l'ordre de la VIᵉ armée, le 152ᵉ régiment d'infanterie :

Sous la direction du lieutenant-colonel Semaire, a, enlevé, le 15 octobre 1916, à la suite d'une lutte acharnée, un village puissamment organisé et s'est emparé de 200 prisonniers et de 3 mitrailleuses. A maintenu intact, pendant huit jours, l'occupation du terrain conquis, malgré le plus intense des bombardements et la violence des contre-attaques ennemies, qui se sont répétées jusqu'à trois fois le même jour. Avait déjà, le 3 septembre, atteint d'un seul élan les objectifs qui lui avaient été assignés, et fait de nombreux prisonniers.

Signé : FAYOLLE.

ORDRE GÉNÉRAL N° 287

Le général commandant la Xᵉ armée cite à l'ordre de l'armée le 152ᵉ régiment d'infanterie :

Sous les ordres du lieutenant-colonel Barrard, a, le 22 mai 1917, enlevé d'un seul bond et en quelques minutes, avec deux de ses bataillons, le plateau des Casemates, et pris une centaine de prisonniers, faisant, comme toujours, preuve du plus bel entrain et de la plus belle énergie. A de nouveau, le 25 juin, pris part à l'attaque du plateau d'Hurtebise, atteignant ses objectifs d'un seul élan et contribuant à la prise d'une grotte où l'on a fait plus de 300 prisonniers.

Signé : DUCHÊNE.

Attribution de la fourragère aux couleurs
de la médaille militaire

par ordre général n° 10214 du G. Q. G. du 10 juillet 1918.

ORDRE GÉNÉRAL N° 616

Le général commandant la VIᵉ armée cite à l'ordre de l'armée le 152ᵉ régiment d'infanterie :

Engagé le 31 mai 1918 en pleine bataille, après une màrche forcée et des plus pénibles, a, sous les ordres du commandant du Bourg, en l'absence du lieutenant-colonel Meilhan, provisoirement désigné pour exercer le commandement d'un groupement supérieur, défendu pendant cinq jours de combats incessants, avec une ténacité qui ne s'est pas démentie un instant, et en faisant subir à l'ennemi de lourdes pertes, le terrain qui lui avait été confié. Le cinquième jour de l'engagement, et malgré la fatigue extrême, a exécuté une contre-attaque qui a repris la presque totalité du terrain arraché la veille par l'ennemi.

Signé : Degoutte.

ORDRE GÉNÉRAL N° 627

Le général commandant la VIᵉ armée cite à l'ordre de l'armée le 152ᵉ régiment d'infanterie :

Magnifique régiment qui, pendant huit jours de durs combats, du 18 au 25 juillet 1918, vient de fournir encore les preuves de ses vertus traditionnelles. Après que ses bataillons, successivement engagés, eurent rivalisé d'audace et de ténacité dans la poursuite d'une progression victorieuse, chacun atteignant tous ses objectifs, le régiment en entier, regroupé sous le commandement de son chef, le lieutenant-colonel Meilhan, s'est porté à l'attaque d'un bois, à la possession duquel l'ennemi attachait le plus grand prix, et l'a enlevé de haute lutte, capturant 242 prisonniers, 2 canons, 6 minens et un matériel important.

Signé : Degoutte.

Attribution de la fourragère à la couleur du ruban
de la Légion d'honneur

par ordre général n° 122-F du G. Q. G. du 30 septembre 1918.

APPENDICE II

LISTE DES OFFICIERS DU 15-2 MORTS AU CHAMP D'HONNEUR

ALLAIX (Gustave), sous-lieutenant, tué le 21 mars 1918 à Emberménil.

ADAM (Henri), sous-lieutenant, tué le 25 avril 1915 à l'Hartmannswillerkopf.

BADINAND (Louis), capitaine, décédé le 14 avril 1915 à Bussang, des suites de blessures de guerre.

BELIN (Joseph), capitaine, décédé le 24 octobre 1918 à l'ambulance d'Iseghem (Belgique).

BERNARD (Alfred), capitaine, tué le 25 octobre 1918 à Desselghem.

BURG (Jean-Marie), capitaine, tué le 22 décembre 1915 à l'Hartmannswillerkopf.

BURLURAUX (Henri), capitaine, tué le 25 avril 1915 à l'Hartmannswillerkopf.

BAUER (Eugène), lieutenant, tué le 3 janvier 1915 à Steinbach.

BALLOT (Charles), sous-lieutenant, décédé le 6 décembre 1917 à l'ambulance 10/12, des suites de blessures de guerre.

BAUDIN (Jean), sous-lieutenant, tué le 14 octobre 1916 à Sailly-Saillisel.

BAYON (Armand), sous-lieutenant, tué le 29 mai 1916 à l'Hartmannswillerkopf.

BERNARD (Charles), sous-lieutenant, tué le 22 mai 1917 à Vauclerc.

BERNARD (Marcel), sous-lieutenant, tué le 21 décembre 1915 à l'Hartmannswillerkopf.

BRIDON (Alphonse), sous-lieutenant, décédé le 23 décembre 1915 à Saint-Amarin, des suites de blessures de guerre.

BRIEL (Benoît), sous-lieutenant, tué le 1er septembre 1916 à Cléry.

BRESSON (Eugène), sous-lieutenant, disparu le 22 décembre 1915 à l'Hartmannswillerkopf.

BRUNEL (Claude), sous-lieutenant, tué le 3 septembre 1916 dans la Somme.

BURG (Auguste), sous-lieutenant, tué le 22 juillet 1918 au bois du Châtelet.

CAPELLE (Paul), capitaine, tué le 22 août 1914 à l'Hartmannswillerkopf.

CONVERT (Paul), lieutenant, tué le 15 juin 1915 au Schnepfenrieth.

COY (Pierre), lieutenant, tué le 2 juin 1918 à l'est d'Etrépilly.

CANDAL (Louis), sous-lieutenant, décédé le 23 décembre 1916 à l'ambulance 224, S. P. 65.

CANDAU (Louis), sous-lieutenant, tué le 21 décembre 1915 à l'Hartmannswillerkopf.

Carroué (Eugène), sous-lieutenant, tué le 3 septembre 1916, secteur nord de la Somme.

Cauyette (Pierre), sous-lieutenant, tué le 25 juin 1917 à Hurtebise.

Champagnole (Lucien), sous-lieutenant, tué le 2 septembre 1914 à Wihr-au-Val.

Champarnaud (Richard), sous-lieutenant, tué le 23 septembre 1914 au Spitzenberg.

Chaput (Stéphane), sous-lieutenant, tué le 22 décembre 1915 à l'Hartmannswillerkopf.

Cazalet (François), lieutenant, tué le 3 septembre 1915 à Cléry (Somme).

Des Portes (Frédéric), capitaine, tué le 21 décembre 1915 à l'Hartmannswillerkopf.

David (Félicien), lieutenant, tué le 28 décembre 1914 à Steinbach.

Dian (Louis), lieutenant, tué le 3 octobre 1918 à Roulers.

Dubois (Robert), lieutenant, tué le 24 juillet 1917 au plateau de Craonne.

Duvooskeld (Julien), lieutenant, tué le 21 décembre 1915 à l'Hartmannswillerkopf.

Damade (Jean), sous-lieutenant, tué le 22 mai 1917 à Vauclerc.

Debrousse (Moïse), sous-lieutenant, tué le 30 septembre 1918 à Oost-Nieuwkerke.

Ducros (Hélie), sous-lieutenant, tué le 21 décembre 1915 à l'Hartmannswillerkopf.

Dugoujon (Georges), sous-lieutenant, tué le 4 septembre 1914 au Mont Sattel.

Dupont (Paul), sous-lieutenant, tué le 22 mai 1917 au plateau Vauclerc.

Ecoffet (Paul), sous-lieutenant, tué le 23 mars 1915 à l'Hartmannswillerkopf.

Faure (Théodore), capitaine, tué le 24 juillet 1917 au plateau de Craonne.

Fernandès-Cabès, sous-lieutenant, tué le 27 août 1916 au bois des Ouvrages.

Fougerolles (Auguste), sous-lieutenant, tué le 2 juin 1918 à Belleau.

Freytag (René), sous-lieutenant, tué le 25 juin 1918 à Hurtebise.

Fortier (Roger), aide-major, tué le 30 septembre 1918 à l'ouest d'Oost-Nieuwkerke.

Funck-Brentano, aide-major, tué le 2 septembre 1916, secteur nord de la Somme.

Guey (Eugène), commandant, disparu le 22 décembre 1915.

Grisard (Henri), capitaine, tué le 27 août 1916 au bois des Ouvrages.

Guldemann (Georges), capitaine, décédé le 26 décembre 1914 à l'hôpital militaire de Saint-Dié.

Guerlin (Marie), lieutenant, tué le 31 mai 1918 au sud d'Epaux (Aisne).

Gros (François), sous-lieutenant, tué le 22 juillet 1915 à l'Hilsenfirst.

Guilloud (Joseph), sous-lieutenant, tué le 16 juin 1915 à Schnepfenriethkopf.

Guiot (Léon), sous-lieutenant, tué le 22 mai 1917 à Vauclerc.

Hérail de Brisis, sous-lieutenant, tué le 6 janvier 1915 à Steinbach.

Hulot (Marie), sous-lieutenant, tué le 22 décembre 1915 à l'Hartmannswillerkopf.

Imbert (Claude), sous-lieutenant, décédé le 24 décembre 1915 à Saint-Amarin.

Jacquet (Joseph), capitaine, décédé le 15 octobre 1916 à Maricourt.

Jacquot (Marie), capitaine, tué le 5 janvier 1915 à Steinbach.

Jacquet (Robert), lieutenant, décédé le 24 septembre 1914 à l'hôpital Saint-Charles, Saint-Dié.

Jacques (Georges), sous-lieutenant, décédé le 28 décembre 1914 à Steinbach.

Joyeau (Emile), sous-lieutenant, tué le 5 mars 1916 au plateau d'Uffholtz.

Lecoeur (Raoul), lieutenant, tué le 23 mars 1915 à l'Hartmannswillerkopf.

Lavocat (Antoine), sous-lieutenant, décédé le 19 novembre 1916 à l'hôpital-ambulance 228, Paris.

Lemoine (Charles), sous-lieutenant, décédé le 26 juin 1917 à l'ambulance 6/9.

Le More, sous-lieutenant, tué le 26 février 1915 à l'Hartmannswillerkopf.

Laroche (Jean), capitaine, décédé le 6 janvier 1915 à l'hôpital de Remiremont.

Mas (Charles), commandant, tué le 21 décembre 1915 à l'Hartmannswillerkopf.

Millischer (Joseph), commandant, tué le 15 août 1914 à Sulzern.

Marqué (Henri), capitaine, tué le 30 mai 1917 à Blanc-Sablon.

Mercadier, lieutenant, tué le 22 décembre 1915 à l'Hartmannswillerkopf.

Millet (Louis), lieutenant, tué le 2 juin 1918 à Belleau.

Morrazzani (Pierre), lieutenant, tué le 24 juillet 1917 au plateau des Casemates.

Mouillon (Lucien), lieutenant, tué le 4 octobre 1918 à Roulers.

Maienfisch (Marie), sous-lieutenant, tué le 20 octobre 1916 à Sailly-Saillisel.

Mailhé (Marcel), sous-lieutenant, disparu le 15 octobre 1916 à Sailly-Saillisel.

Martel (François), sous-lieutenant, tué le 24 septembre 1915 à l'Hilsenfirst.

Morand (Georges), sous-lieutenant, tué le 22 décembre 1915 à l'Hartmannswillerkopf.

Messager (Jude), chef de musique, tué le 17 octobre 1916 à Sailly-Saillisel.

Moliner (François), lieutenant, décédé le 1er mars 1917 à l'ambulance 224, S. P. 204.

Piard-Deshays, capitaine, décédé le 2 octobre 1918 à l'ambulance Océan de Panne.

Paoli (Antoine), lieutenant, tué le 3 septembre 1916, secteur nord de la Somme.

Pecard (André), lieutenant, tué le 30 septembre 1918 à Oost-Nieuwkerke (Belgique).

Pernet (Albert), lieutenant, décédé le 7 août 1915 à l'Hôtel-Dieu, Lyon.

Perney (Charles), capitaine, tué le 20 juillet 1918 à Hautevesnes (Aisne).

Pasquier (Georges), sous-lieutenant, tué le 23 mars 1916 à l'Hartmannswillerkopf.

Passerat (Raymond), sous-lieutenant, décédé le 18 janvier 1917 à l'hôpital mixte de Bourg.

Pélégaud (Simon), sous-lieutenant, tué le 16 octobre 1916 à Sailly-Saillisel.

Perrin (Gustave), sous-lieutenant, décédé le 18 septembre 1916 à Amiens.

Perrot (Edouard), sous-lieutenant, tué le 24 juillet 1917 au plateau des Casemates.

Picolet (François), sous-lieutenant, tué le 24 juillet 1917 au plateau des Casemates.

Pitolbelin (Léon), sous-lieutenant, tué le 23 mars 1915 à l'Hartmannswillerkopf.

Pleutret (Henri), sous-lieutenant, décédé le 29 juin 1917 à l'ambulance 14/14.

Porte (Victor), sous-lieutenant, décédé le 23 décembre 1915 à l'hôpital de Saint-Amarin.

Pottier (Jean), sous-lieutenant, décédé le 22 décembre 1915 à l'Hartmannswillerkopf.

Queminet (Louis), lieutenant, décédé le 8 septembre 1916 à l'H. O. E. 15.

Rousseau (Henri), commandant, tué le 20 septembre 1914 au Spitzenberg.

Rochette (Térence), capitaine, tué le 24 mars 1915 à l'Hartmannswillerkopf.

Richard (Pierre), sous-lieutenant, tué le 24 juillet 1917 au plateau des Casemates.

Routhier (Victor), sous-lieutenant, tué le 23 mars 1915 à l'Hartmannswillerkopf.

Serment (Gustave), commandant, tué le 22 avril 1915 à l'Hartmannswillerkopf.

De Saulses, capitaine, tué le 22 décembre 1915 à l'Hartmannswillerkopf.

Spiess (Georges), capitaine, tué le 27 décembre 1914 à Steinbach.

Sauvagé (Adrien), sous-lieutenant, tué le 22 décembre 1915 à l'Hartmannswillerkopf.

Scheurer (Pierre), sous-lieutenant, décédé le 28 avril 1915 à l'ambulance de Moosch.

Schlumberger (Paul), sous-lieutenant, tué le 2 septembre 1914 à Gunsbach.

Schnetzler (Jean), sous-lieutenant, disparu le 22 décembre 1915 à l'Hartmannswillerkopf.

Seigneret (Alexis), sous-lieutenant, décédé le 3 juin 1918 à l'H. O. E. 352.

Siderey (Guy), sous-lieutenant, tué le 30 septembre 1918 à Oost-Nieuwkerke.

Séry (Edmond), médecin-major, tué le 17 octobre 1916 à Sailly-Saillisel.

Teissière (Marius), sous-lieutenant, décédé le 12 janvier 1915 à l'hôpital mixte de Besançon.

Teissière (Julien), sous-lieutenant, tué le 22 mai 1917 à Vauclerc.
Thévenot (André), sous-lieutenant, tué le 24 mars 1918, forêt de Parroy.
Thomas (François), sous-lieutenant, tué le 3 septembre 1916, secteur nord de la Somme.
Troplong (Maurice), sous-lieutenant, tué le 26 mars 1915 à l'Hartmannswillerkopf.
Vincens (André), capitaine, tué le 27 décembre 1914 à Steinbach.
Vallée (Antoine), sous-lieutenant, tué le 3 octobre 1918 à Roulers.
Viala (Alexandre), sous-lieutenant, tué le 28 août 1916 au bois des Ouvrages.
Vias (Alexandre), sous-lieutenant, tué le 3 septembre 1916, secteur nord de la Somme.
Vitu (Emile), sous-lieutenant, tué le 22 mai 1917 à Vauclerc.
Vivant (Joseph), sous-lieutenant, décédé le 24 juin 1915 à l'hôpital mixte de Gray.
Winckler (René), lieutenant, tué le 3 octobre 1918 à Roulers.

TABLE DES MATIÈRES

CHARLES-LAVAUZELLE ET Cⁱᵉ. — PARIS, LIMOGES, NANCY.

Imprimerie et Librairie militaires CHARLES-LAVAUZELLE & Cie

SOCIÉTÉ EN COMMANDITE PAR ACTIONS AU CAPITAL DE 3.500.000 FRANCS

PARIS, 124, Boulevard Saint-Germain (6ᵉ) — NANCY, 53, Rue Stanislas — 62, Avenue Baudin, LIMOGES

T. C. Limoges R. C. 38S

Général Feld Marschall von HINDENBURG. — Aus Meinem Leben (Ma vie), avec préface du général BUAT, traduit par le capitaine KŒLTZ, breveté d'état-major. Volume grand in-8° de 336 pages, avec 3 cartes hors texte.   30 »

Toute l'âme prussienne est dans ce livre, — appel pour l'avenir à la jeunesse allemande.

Erich von FALKENHAYN, général de l'infanterie, chef d'état-major des armées allemandes de 1914 à 1916. — Le commandement suprême de l'armée allemande (1914-1916) et ses décisions essentielles. Traduction et avertissement par le général A. NIESSEL. Vol. grand in-8° de 236 p., avec 12 cartes.   24 »

Cet ouvrage du général von FALKENHAYN, chef du grand état-major allemand du 14 septembre 1914 au 28 août 1916, jette un jour nouveau, d'une éclatante lumière, sur la plupart des événements de la guerre.

Général A. DUBOIS. — Deux ans de commandement sur le front de France (1914-1916). Deux volumes grand in-8° avec 30 cartes ou croquis..........   25 »

Récit circonstancié des hauts faits accomplis par le 9ᵉ corps d'armée et la VIᵉ armée aux points critiques de la ligne de bataille et auxquels prirent part d'autres troupes, notamment la division marocaine.

L'Angleterre au feu. — Dépêches de Sir Douglas Haig, mises en français par le **commandant breveté GEMEAU,** préface de M. le maréchal FOCH. Volume grand in-8° de 474 pages avec 25 croquis dans le texte, 10 grandes cartes dans une pochette spéciale annexée au volume..........................   45 »

C'est le premier et seul volume complet publié sur la matière.

Dix cartes annexes, avec les détails les plus complets sur le front anglais, réunies dans une élégante pochette, achèvent de faire de ce volume un document hors de pair sur la grande guerre.

Lucien CORNET, sénateur, membre de la Commission des affaires étrangères. — 1914-1915 : Histoire de la guerre :

> Tome Iᵉʳ : Des origines au 10 novembre 1914. In-8° de 380 pages...   7 50
> Tome II : Du 10 novembre 1914 au 31 mars 1915. In-8° de 360 p...   7 50
> Tome III : 1915. L'Italie, la Russie, les Dardanelles. In-8° de 344 p.   8 »
> Tome IV : 1915. Le front de France, les Balkans. In-8° de 386 p...   10 »
> Tome V : La situation intérieure chez les belligérants d'avril à novembre 1915. In-8° de 436 pages......................................   10 »
> Tome VI : La situation intérieure chez les belligérants de novembre à fin décembre 1915. In-8° de 395 pages........................   10 »
> Tome VII : Du 1ᵉʳ janvier 1916 jusqu'à l'attaque sur Verdun, 1ᵉʳ avril 1916. In-8° de 410 pages......................................   10 »

1914-1915. Les opérations franco-britanniques dans les Flandres. Volume de 135 pages, 9 croquis et 2 cartes...............................   3 75

Cet intéressant ouvrage a connu dès son apparition le plus grand succès, car non seulement il apprend ce qui s'est passé dans les batailles de l'Yser et d'Ypres, mais il contient des leçons utiles par le rappel de principes qu'on n'aurait jamais dû oublier.

Commandant P.-Louis RIVIÈRE. — Ce que nul n'a le droit d'ignorer de la guerre. Volume in-8° de 60 pages..................................   3 50

Dans cet opuscule réduit, l'auteur a réalisé le tour de force de faire tenir toute la matière des quatre années de la grande guerre; de donner, à côté de précisions d'ordre tactique ou stratégique sur les différents fronts de France, de Russie, d'Orient, d'Italie, aux colonies et au Maroc, sur terre et sur mer, des indications chronologiques sur les principaux événements tant militaires que politiques dans les pays belligérants.